퇴역 경주마 초롱이

퇴역 경주마 초롱이

차례

저자 서문 돈을 벌지 못했던 실력 없는 경주마, 이름을 남기다 _ 초롱이 엄마
저자 서문 드라마와 영화에 나오는 말들은 어디서 와서 어디로 갔을까 _ 김현

1장 경주마 아이오나로 태어나다
뉴질랜드에서 경주마로 태어난 아이오나 플레저 • 15
등록번호 0009895 • 19
한국 경주마로 훈련을 시작하다 • 20
말도 맞으면 아프다 • 25

2장 경주마에서 승용마로
2년 만에 퇴출되어 퇴역 경주마가 되다 • 31
새로운 이름 '초롱이' • 33
승용마로 살기도 팍팍하다 • 35
처음으로 경험한 따뜻한 보살핌 • 38

3장 아픈 다리로 12년 승용마의 삶을 견디다

승마장 수호천사, 그녀를 만나다 • 43
초롱이의 승마장 동료들 • 47
생에 대한 강한 의지, 모닝의 해피엔딩 • 50
초보자를 알아보고 장난치는 일지매 • 53
승용마 초롱이의 과거 • 55
모든 것이 싫고 사라지고 싶었던 걸까 • 57

4장 가족이 생기다

"저는 초롱이 엄마예요." • 61
서러운 셋방살이 • 67
초롱이의 과거를 아는 사람들 • 70
알고 보니 흥부자 초롱이 • 72
"여러분, 초롱이가 뒷발차기를 안 해요." • 75
초롱이가 기를 좀 펴고 사는구나 • 77
너를 닮아간다 • 79

5장 초롱이 소중하게 돌보기 대작전

초롱이가 엄마의 낙마를 막는 방법 • 85

채찍은 싫어 • 88

일지매가 조금 서운했을까 • 93

우당탕탕 초보 엄마 • 97

혹시 말 키우세요? • 99

어느 여름날의 횡재 • 102

말은 얼마나 당근을 좋아할까? 각설탕은? 104

초롱이의 완벽 여름나기 • 106

똥 봤다! • 111

초롱이 혼자 씩씩하게 편자 교체를 마치다 • 112

6장 아픈 초롱이를 돌보다

아픈 말을 돌보는 개, 잭 • 119

'어느 날 갑자기'는 아니야 • 121

수술하면 죽습니다 • 125

초롱이 엄마의 하루 • 128

퇴역 경주마에게는 너무 먼 병원 • 132

치료를 거부 당하다 • 135

너무 늦은 것은 없습니다 • 140

늙고 아픈 말을 걱정해 주는 사람들 • 144

초롱이의 선풍기 사랑 • 147

7장 22살의 삶을 마치다

세상이 멈췄다 • 151
아프지 않은 곳에서 기다려 줘 • 154
초롱이의 집, 초롱이의 마당 • 157
소중하고 귀한 나의 초롱이 • 161

8장 다시 만나다

2년 만에 승마장으로 • 167
어리바리한 어린 말 코드 • 169
식탐 많은 건 여전하구나 • 172
도도한 영국 신사 위드 • 176
갑작스러운 안락사 • 180
위드의 안녕한 노년을 응원하며 입양하다 • 183
어떤 망설임도 없이 뚜벅뚜벅 갔다 • 185
엄마의 대나무숲 • 187
사랑스러운 막내, 코드 • 191
따그닥따그닥. 우리 오래오래 함께 걷자 • 194

한국 경주마의 현실과 변화의 방향 • 202
생존이 있어야 복지도 있다 _ 김정현(한국말행복연구소 소장)
나를 안아 주었던 갈색 말 / 퇴역 경주마 초롱이의 삶 / 더 이상 경주마가 아닌 말들의 삶 /
'생존'이 있어야 '복지'도 있다 / 변화를 위한 움직임 / 말들에게 희망을

저자 서문

돈을 벌지 못했던 실력 없는 경주마, 이름을 남기다

생애 가장 행복했던 때는 초롱이와 함께했던, 초롱이 엄마로 불리던 4년 4개월의 시간이었다. 생에 가장 밝은 빛이던 시간. 실력 없는 경주마 초롱이는 은퇴한 많은 경주마들이 그렇듯 경주마로 산 후유증으로 퉁퉁 부은 다리를 은퇴 선물로 받았다.

초롱이는 아픈 다리로 이리저리 끌려다니면서 근근이 삶을 이어갔다. 그렇게 시간이 흐르고 나이 들고 병들어 지쳐 갈 때쯤 나를 만났다. 비록 짧은 시간이었지만 같이 웃고 서로 의지했다.

마장에서 초롱이를 괴롭히는 말들도 있었다. 그런 말들에게 그러면 안 된다고 혼내면 초롱이는 신나서 엉덩이춤을 추면서 내 옆에서 당당하게 걸었다. 내가 마방 앞을 지나면서 "너희들 초롱이 언니한테 잘해야 한다. 알았지?" 하고 큰소리로 말하면 초롱이는 목을 치켜들고 마방 안에 있는 말들에게 코를 들이대며 으스대곤 했다. 초롱이는 엄마라는 존재가 세상에서 가장 든든했던 것 같다.

초롱이는 마방에 누워 있다가도 내가 가면 벌떡 일어나서 반겼다. 다리가 심하게 아파서 누워 있을 때도 일어나려고 몸을 뒤척였다. 내가 걱정할까 봐 아픈 발을 디디며 어떻게든 일어나려고 애쓰던 초롱이. 초롱이는 그런 아이였다.

여러 사람들의 도움 덕분에 돈을 벌지 못했던 실력 없는 퇴역 경주마가 세상에 이름을 남길 수 있게 되었다. 1등 경주마의 이름이 아닌 실력 없는 경주마를 기억해 주다니 기적 같은 일이다. 초롱이를 만나고 경주마들의 아픈 삶에 대해서 알게 되면서 인간과 말이 평화롭게 공존하는 세상이 올 수 있을까 생각했다. 현실은 아직 벅차다고 말하지만 많은 사람들이 말의 삶에 대해 관심을 갖고 힘을 보태 주면 달라지지 않을까. 그런 세상을 희망한다.

초롱이의 이야기가 말하지 못하고 고통받는 수많은 초롱이들을 대변할 수 있기를 바란다. 그래서 언젠가 이 땅의 모든 말들이 행복할 수 있기를!

초롱아, 아프지 말고 바람처럼 꽃처럼 지내다가 다시 만나자.

초롱이 엄마

저자 서문

드라마와 영화에 나오는 말들은
어디서 와서 어디로 갔을까

캐나다 드라마 〈빨간머리 앤〉을 참 좋아했다. 앤이 길버트의 머리를 석판으로 내려칠 때의 쾌감도 좋았고, 앤과 끈끈한 자매애를 맺는 다이애나, 다정하고 강인한 마릴라 등 내 마음을 사로잡는 여성 캐릭터가 차고 넘쳤다. 마음이 쓸쓸할 때 종종 꺼내 보던 작품이었지만 어느 순간부터 보기가 어려워졌다. 2022년 퇴역 경주마 까미 사건 이후부터였다. 〈빨간머리 앤〉에는 정말 많은 말들이 등장한다.

2024년 1월 17일 퇴역 경주마 까미를 사극 촬영에 동원하여 잔인하게 학대한 혐의로 기소된 피고인들에게 벌금 1천만 원 선고가 내려졌다. 재판 과정에서 검찰의 징역 6월 구형이 벌금형으로 감형됐지만, 해당 사극의 연출자, 무술감독, 까미 소유주에 대한 동물학대 혐의는 인정되었다. 까미 소유주는 '말을 직접적으로 때린 것도 아닌데, 이보다 더 어떻게 안전하게 촬영할 수 있겠냐'며 선고 결과에 불복하여 항소했다. 사건 발생 당시 KBS 홈페이지를 통해 사과문을 세 차례 올렸던 때와는 사뭇 다른 모습이었다. 아마도 그들은 시간이 흘러 사람들이 이 일을 잊기를 바라며 면피용으로 사과문을 올린 것 같다.

부디 사람들의 기억에서 잊히지 않기를 바라는 염원을 담아 이 책 작업에 함께했다. 취재를 하면서 산업 동물로 분류된 말은 요람에서 무덤까지 "그들의 전체적인 삶의 경로가 주로 인간의 목적에 맞춰 설계되어 있음을 알게 되었다."* 경주마 은퇴 후 복지를 규정하는 동물보호법 개정안이 2023년 발의되기도 했지만 폐기됐다. 글을 쓰다가 어떤 날은 화가 나서 울고, 어떤 날은 절망에 빠져서 울었다. 더 많은 사실을 알게 되는 게 두려워 컴퓨터 앞에 앉기를 피하고 싶던 순간도 있었다. 더 나은 세상이 오지 않을 것 같은 그런 캄캄한 밤에는 괜히 함께 사는 고양이 지지와 금보리지에게 넋두리를 길게 했다. 인간들 진짜 나쁘다고.

집필 과정에서 지키기로 한 원칙이 있다. (너무도 당연한 이야기

---

* 샬럿 E. 블래트너, 켄드라 콜터, 윌 킴리카 엮음, 평화, 은재, 부영, 류수민 옮김 (2023), 《동물노동, 종간 정의를 이야기하다》, 책공장더불어.

지만) 초롱이의 삶을 있는 그대로 왜곡 없이 기록하기를 원했다. 초롱이는 초롱이 엄마를 만나 따뜻한 사랑을 주고받았다. 하지만 엄마를 만나기 이전까지 말의 본성과 자율성을 침해하는 여러 시스템 속에서 살아남아야 했다. 초롱이의 삶에는 초롱이 엄마와 이웃들의 진심 어린 사랑과 경주마·승용마로서 겪은 폭력적인 경험이 공존했다. 사랑과 폭력이 공존하는 이 세계에서 초롱이가 운이 좋았다고는 생각하지 않는다. 오히려 운이 좋았던 쪽은 초롱이에게 "너는 말로 태어났는데 참 운이 좋아서 좋은 반려인도 만나고 호강하며 사네"라고 말할 수 있었던 일부의 '사람들'이라고 생각한다.

마지막으로 글을 매끄럽고 짜임새 있게 손 봐 주신 책공장더불어 김보경 대표님께 감사의 마음을 전하고 싶다. 글을 쓰는 동안 늘 응원해 주신 초롱이 엄마에게도 정말 감사하다. 초롱이 엄마가 초롱이와 가족의 연을 맺고 살아온 덕에 많은 사람들이 초롱이를 만나고 기억할 수 있게 되었다. 나의 자매들 WWWs, 씨양, 은진과 영원한 나의 1호 독자이자 삶의 동반자인 남지현, 나의 사랑 지지와 금보리지에게도 감사와 사랑을 전하고 싶다.

김현

1장
경주마 아이오나로 태어나다

☀ 뉴질랜드에서 경주마로 태어난 아이오나 플레저

1994년 10월 6일, 뉴질랜드의 한 농장에서 말이 태어났다. 윤기 나는 갈색 털과 짙은 다크초콜릿 빛 갈기를 가진 망아지의 이름은 아이오나 플레저Iona's Pleasure. 엄마 말 아이딜 플레저Idyll Pleasure와 아빠 말 페스탈Festal 사이에서 태어났다. 4년 후 한국에 와서 초롱이라는 이름을 얻기 전까지 초롱이는 아이오나 플레저라고 불렸다.

아이오나의 이름은 엄마 아이딜 플레저에서 따왔다. 아이딜은 1985년 호주에서 태어났는데 엄마인 베터 미스Better Miss와 아빠 메리빌Merivelle 사이에서 태어나 씨암말(새끼를 낳기 위해 길러지는 암말. 자연 조건에서는 1년에 한 번 새끼를 낳는데 경주마를 생산하는 목장에서는 잦은 임신과 출산을 반복한다)로 살았다. 엄마 아이딜 플레저는 5살이 되던 해인 1990년에 열린 초보 경주마 경기에 처음이자 마지막으로 한 번 참가한 것이 활동의 전부다. 이 경기에서 상금을 얻지 못했고, 그 후 1991년부터 2002년까지 꾸준하게 1년에 한 번씩 망아지를 낳았다. 11번의 임신과 출산 과정에서 3번 유산했다. 2002년에 겪은 유산을 마지막으로 뉴질랜드 말 혈통서New Zealand Stud book*에는 아이딜의 기록이 더 이상 존재하지 않는다.

아빠 페스탈은 경주 성적이 좋아서 경주마의 삶을 이어갔다. 1987년, 3살이던 페스탈은 경주마로 첫 출전해서 1등을 하고, 5천2백 호주달러(당시 한화 약 4백만 원)를 획득했다. 그 뒤로 1991년까지 총 4년간 29번 경기에 동원되어 1등 8번, 2등 5번, 3등 2번 등의 기록을 세웠다. 페스탈은 총상금 약 16만 호주달러(약 1억 3천만 원)를 획득했다.

페스탈은 1991년 6월 15일 경주를 끝으로 더 이상 경기에 등장하지 않았다. 혈통서에도 마지막 경주였던 1991년 이후 기록이 없다. 그의 텅 빈 생애 기록을 띄엄띄엄 따라가다 보면 1999

---

* 스터드북은 족보와 비슷하다. 뉴질랜드서러브레드레이싱스터드북New Zealand Thoroughbred Racing Stud Book에는 소재지 및 소유자 변동에 관한 내용이 있다.

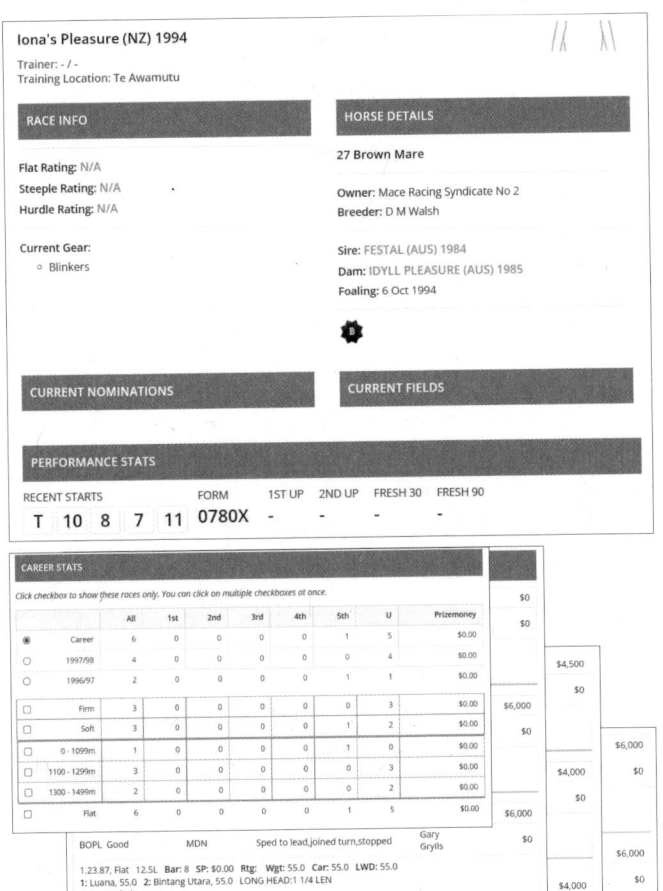

뉴질랜드 말 혈통서에 기록된 아이오나의 경주 성적

년 12월에 세상을 떠났음을 알 수 있다.*

아이오나는 엄마 아이딜의 4번째 임신으로 태어났다. 아빠 페스탈의 혈통을 이어받아서 경주마로서 기대를 한 몸에 받았을 것이다. 아이오나는 뉴질랜드 북섬 와이카토 지역 마을인 테아와무투Te Awamutu의 말 훈련소에서 경주마 훈련을 통과한 후 2살이 된 1996년 11월 26일 경기에 처음 등장했다. 2세마 800미터 경기2YO Catchweight 800에 출전했지만 큰 소득은 없었다. 이후 경기에 다섯 번 더 출전했다.

혈통서의 경기 세부 기록에 따르면 아이오나는 경주마로서의 삶을 이어가기가 어려웠던 것으로 보인다. 4번째로 참가했던 오클랜드-런던 경주마 경기Auckland-London 970에서 끝에서 두 번째로 들어오고, 이후에도 6~8등이었다. 아이오나는 1998년 1월 31일 경주를 마지막으로 뉴질랜드 경주마로서의 삶을 마감했다.

---

* 뉴질랜드서러브레드레이싱팩트북New Zealand Thoroughbred Racing Fact book 2008~2010에 따르면 뉴질랜드는 매년 망아지 3,500마리가 경마 산업을 위해 사육되고, 3,191마리의 서러브레드가 경마장을 떠났다. 식별 제도가 있지만 무면허 소유자는 규제 대상이 아니어서 어디로 가는지 알 수 없다.

☀ 등록번호 0009895

1998년 6월 14일, 아이오나는 뉴질랜드에서 한국으로 이동했다. 뉴질랜드에서 마지막 경주를 하고 6개월 후였다. 한국마사회 사이트에는 당시 아이오나의 정면, 좌측, 우측 사진 총 3컷이 기록되어 있다. 하단의 왼쪽 사진을 보면 아이오나의 앞다리 위쪽에 '59' 숫자판 뒤로 'KB' 낙인이 살짝 보인다. 오른쪽 사진에는 '59' 숫자판 옆으로 숫자 '35'와 '4'가 하얗게 찍혀 있다. 'KB'와 '35'는 뉴질랜드의 말 육종 브랜드에서 1994년에 태어난 35번째 말이라는 뜻이다. '4'는 말이 태어난 해의 마지막 숫자로 1994년 또는 2004년에 태어난 말들은 모두 오른쪽 앞다리에 4라고 찍힌다.

한국마사회 사이트에 실린 초롱이 사진.

아이오나를 설명해 주는 숫자는 하나 더 있다.

0009895.

서러브레드* 종을 비롯해 말의 효율적인 관리와 정확한 신분 확인을 위해 말에게 부여하는 일련의 등록번호다. 사람으로 치면 여권번호로 외국에서 태어나 국내에 들어온 말들에게 부여하는 번호로 국내에서 시행되는 말 이력제에 따른 것이다. 뉴질랜드에서 온 아이오나도 이 번호를 부여받았다. 이를 통해 생산목장, 경주이력, 질병이력, 경주마의 소유주 등 말의 이력을 찾아볼 수 있다.

아이오나는 1998년부터 한국에서 경주마의 삶을 이어간다.

☀ 한국 경주마로 훈련을 시작하다

아이오나는 과천 렛츠런파크 서울(경마공원)에서 1998년 6월 14일부터 2000년 4월 29일까지 경주마로 뛰었다. 2년 동안 총

---

*   경주마로 쓰이는 품종으로 1600~1700년대 영국의 토종 암말과 아라비아에서 온 수말을 교배해 만들었다. 다른 종에 비해서 발목이 약해서 앞다리 발꿈치 통증, 발꿈치 멍 등에 취약하다.

160번의 경주마 훈련을 받았다. 훈련이 짧은 날은 7~9분, 긴 날은 34~40분씩 출전을 위해 몸을 움직였다. 계절의 흐름과 상관없이 아침 해가 뜨면 훈련에 임했다. 1,000미터를 1분 7초 안에 뛰지 못하면 경주마로서 인정받지 못하기 때문에 훈련은 당연했다.

아이오나가 뉴질랜드에서 2세마 경기를 위해 훈련을 하고, 경기에 출전했던 것처럼 우리나라에도 2세마 경기가 있다. 인간은 20살 즈음에 신체 성장이 완료되고 이후부터 성인의 체력을 갖춘다. 말도 2살쯤 신체의 70퍼센트가 성장하고 5살쯤에 성장이 완성된다. 그런데 경주마 대부분이 생후 18~24개월이 되었을 때 경매나 매매 방식으로 마주를 만나 경주마로 삶을 살기 시작한다. 다 크지 않은 몸으로 무리한 운동을 하는 셈이다.

우리나라도 쥬버나일Juvenile이라고 불리는 2세마 경주가 열린다. 말이 5세가 될 때까지 기다렸다가 경주에 내보내는 것은 마주에게 시간적, 재정적으로 큰 손해다. 5년 동안 수익 없이 돈만 들어간다는 의미이기 때문이다. 이런 이유로 2세마 경주가 열린다. 마주 입장에서는 2세마 경주를 통해 말의 구입, 교배, 사육 등에 들어간 돈을 회수할 수 있다. 이는 해외도 마찬가지다. 호주는 경주마 구매를 촉진하기 위해 2세마 경주 2YOTwo-Year-Old Racing에 의도적으로 가장 높은 상금을 책정한다. 매년 호주 퀸즐랜드주에서 열리는 2세 말만 참여하는 특별경주 매직밀리

언클래식Magic Million Classic의 상금은 2백만 호주달러(한화 약 29억 원)나 된다.

어린 말의 경주 시스템은 골격이 성숙하지 않은 어린 말들을 심각한 질병에 일찍 노출시킨다는 문제가 있다. 부상은 말의 삶을 심각하게 흔들 수 있어서 부상을 피하는 세심한 관리가 중요하지만 관련 시스템은 없다. 서러브레드 경주마 2~3세의 85퍼센트가 적어도 한 번은 질병이나 부상을 입는다는 호주 자료가 있다.*

말이 부상을 입으면 비싼 치료비가 들어가고 다 낫기까지 시간이 오래 걸린다. 이는 마주에게 큰 부담이 된다. 말은 임신 기간이 11개월이고 한배에 한 마리만 낳기 때문에 임신부터 출산, 훈련까지 많은 인력과 비용이 들기 때문이다. 그래서 부상이 심하지 않으면 말을 치료하고, 재활을 하려 하지만 끝내 포기할 때도 있다. 경주마로서 더 이상 버티지 못하고 은퇴하게 된다면 이후 어떤 삶을 살지 알 수 없으니 2세마 경주를 긍정적으로만 볼 수는 없다.

---

* Cogger N et al.(2006), "Risk factors for musculoskeletal injuries in 2-year-old Thoroughbred racehorses." *Preventative Veterinary Medicine* 74(1): pp. 36~43.

말은 무리 생활을 하는 동물이다. 동료 말과의 소통과 교감이 중요하고 사회성도 뛰어나며 상위 포식자들로부터 자신을 보호하기 위해서 무리로 움직이면서 위험한 순간에서 벗어나도록 진화해 왔다. 지혜롭고 리더십 있게 무리를 이끄는 암컷 우두머리를 알파메어 Alpha-mare라고 한다. 무리의 어떤 말보다 생활에 필요한 경험과 위협에서 살아남은 경험을 많이 갖고 있으며 어느 정도 위급한 상황인지 생각할 수 있는 상황 판단 능력도 뛰어나다. 무리는 알파메어의 지시에 따라 함께 달리며 동고동락한다. 초식 동물의 습성상 겁이 많아 낯선 상황이 발생하면 도망가지만 경마처럼 전력을 다해 달리는 일은 드물다. 신체에 무리가 가고 체력 소모가 극심하기 때문이다. 정말 위급한 상황이라 판단할 때만 전속력으로 달린다.

이런 말의 특성상 경주마들의 발주대 훈련은 말의 본성을 억압한다. 발주대는 사람의 육상경기에 비유하자면 출발선과 같다. 발주대는 출발 신호를 기다리는 곳으로 말의 판단에 따라서는 곳이 아니라 대기하고 있다가 신호가 떨어지면 온 힘을 다해 달려야 하는 곳이다.

그러다 보니 많은 말들이 발주대를 위험하고 피해야 하는 곳으로 인식한다. 발주대에서는 자신의 의지대로 움직일 수 없고, 채찍을 맞으며 달려야 한다는 것을 학습했기 때문이다. 하지만 경주마는 발주대에 들어가서 그 상황을 참고 견뎌야 한다. 호흡을 맞춰 함께 일하는 동료로 인정받으며 경주에 출전하는 것이 아니라 갇힌 공간, 강압적인 시스템 안에서 일방적으로 기수의 지시를 따라야 한다.

발주대 심사에 통과하지 못한 말은 경주마로 데뷔하지 못하고 효용가치가 낮아지면 나쁜 버릇을 가진 말이라는 악벽마惡癖馬, unruly horse로 분류된다. 길들이기 어려운 악벽마로 분류되면 이후 어떻게 될지 알 수 없는 상황에 놓이게 된다.

어떤 말들은 발주대 훈련을 거치며 발주대가 위험한 곳이 아니라는 학습을 한다. 말은 학습 능력이 좋기 때문이다. 운 좋게 부드럽게 말을 리드하는 좋은 기수를 만나고, 칭찬으로 교육받으면 발주대를 점점 친숙하게 여기게 되기도 한다. 마음으로는 여전히 불편하지만 나름의 방식으로 환경에 적응해 나가는 것이다.

주행심사라는 심사 과정도 있다. 실제 경기에 앞서 너무 느리게 달리는 말을 배제하기 위한 과정이다. 함께 경주하는 말들보다 유난히 뒤처지는 말이 있으면 경주가 제대로 이루어지지 않기 때문이다. 기준은 1,000미터를 1분 7초 안에 달리는 것이다. 이보다 늦게 결승선을 통과하면 경주마에서 탈락한다. 경주마로 활동하고 있는 말들도 주기적으로 주행심사를 통과해야 한다. 경기력이 떨어진 말들을 솎아내기 위해서다.

주행심사에 반복적으로 불합격하면 경주마로 뛸 수 없는 말로 분류되고, 그런 경우 은퇴 시기가 빨라질 확률이 높다. 따라서 주행심사는 경주마 입장에서는 생존을 위해 꼭 통과해야 하는 과정이다. 은퇴하게 된다면 말의 운명은 온전히 마주의 선택에 달린다. 마주는 그동안 경주마에 투자한 비용을 고려해 승용마로 팔 방법을 찾지만, 그렇지 않은 경우 비극적인 결말을 맞을 수 있다.[*]

☀ 말도 맞으면 아프다

경마에 사용되는 일부 경주 장비는 그 자체로 고통을 준다. 특히 채찍 사용이 동물학대 행위에 포함되는지를 여러 나라에서 수십 년간 논의해 왔다. 도구로 말을 때리는 것은 명백한 폭

---

[*] 2021년 국정감사 한국마사회 보고서를 보면 서러브레드 종은 1년에 약 1,400마리가 은퇴한다. 은퇴한 말들 중에서 어떤 용도로 이용되었는지 알 수 없는 말이 2016년 70마리, 2020년 308마리다. 5년 동안 440퍼센트나 증가했다. 마사회는 마주가 은퇴마를 판 후 알리지 않은 개인의 문제로 국한했지만 마사회의 말 이력제 운영의 허점을 드러냈다.

력이지만 경마 산업은 책임을 회피했다. 말에게 계속해서 채찍을 휘두르면 정신적, 육체적 고통은 물론 부상 가능성도 높아진다. 그런데도 말의 피부는 사람과 달라 채찍을 맞아도 고통을 덜 느낀다는 황당한 주장이 최근까지 받아들여졌다. 그럴 리가 없다. 당연히 말도 맞으면 아프다.

2020년 11월 호주 시드니 대학의 수의학부 부교수 폴 맥그리비Paul McGreevy 박사 외 7명은 사람과 말의 엉덩이 피부조직 샘플을 채취한 후 피부의 두께와 통각수용기 분포도를 연구했다. 당연히 사람과 말 사이에 큰 차이가 없다는 결과가 나왔다. 말의 피부가 인간보다 두꺼운 것은 사실이지만 두꺼운 피부가 통증 자체를 막아 주지는 않는다. 때문에 말도 맞으면 아프다는 당연한 결론에 다다랐다.

다른 나라에서는 변화가 일어나고 있다. 미국 캘리포니아주는 2015년 채찍 사용 규정을 개정하여 연속 3회 초과 사용을 금지했다. 프랑스는 2017년 채찍 사용 횟수를 6회로 줄였다. 한국마사회도 2019년부터 출발 후 100미터 지점부터 결승선 전방 400미터 구간에서 채찍을 총 10회 이내로, 결승선 400미터 전 구간에서 채찍을 25회에서 20회로 줄였다. 하지만 달라진 것은 거의 없다. 규정을 어겨도 과태료가 적기 때문이다. 또한 결승선 통과 후 채찍 사용, 경주로 입장 시 채찍 사용도 문제가 많다.

채찍은 단순히 스피드를 높이기 위한 도구로만 쓰이는 것이 아니다. 인간의 기분과 상황에 따라 공개적인 장소에서 말을 때릴 수 있는 합법적인 도구가 된다. 너무 쉽게 폭력이 용인되는 것이다.

경마가 사라지지 않는 한 채찍 금지는 경주마를 보호할 최소한의 생존 조치다. 채찍 사용 완전 금지의 단계적 추진*이 필요한 이유다.

---

*   2015년 호주 경주마보호를위한연합회CPR, The Coalition for the Protection of Racehorses는 채찍 사용 완전 금지를 위한 6가지 제안을 담은 제안서를 호주 경마 산업계에 전달했다. 1. 채찍 과다 사용에 대한 현행 규칙 개정(과태료나 형량이 매우 낮으니 기준을 높이고 채찍 사용 규칙을 3번 이상 어긴 기수는 기수 자격 정지와 정지 기간을 늘릴 것). 2. 조련사도 채찍 규칙 위반에 대해 함께 처벌받을 것(현재는 기수만 처벌 가능). 3. 결승선 100미터 전부터 장애물 경주마 등에 재량에 따라 채찍을 사용할 수 있다는 규칙을 금지하는 쪽으로 검토할 것. 4. 말의 등과 엉덩이 쪽을 때리는 백핸드 방식의 채찍 사용에 대한 조사를 강화하기 위해 현행 채찍 규정을 개정할 것. 5. 경마심판위원회가 경주 영상을 검토하고 관찰을 지속했는데도 기수의 채찍 규칙 위반을 놓치는 사례를 줄이는 방법을 강구할 것. 6. 채찍 사용을 완전히 없애기 위해 단계적으로 채찍 없는 경주를 도입할 것.

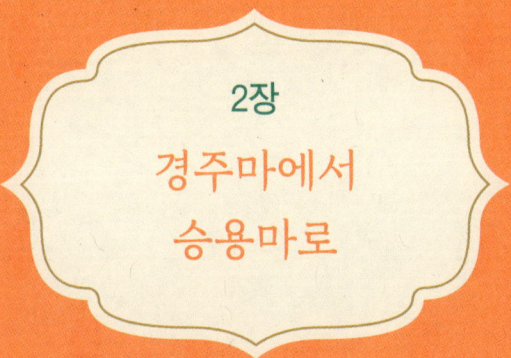

2장

경주마에서 승용마로

☀ 2년 만에 퇴출되어 퇴역 경주마가 되다

뉴질랜드에서 온 아이오나는 우리나라에서 2년 동안 경주마로 일했다. 1998년부터 2000년까지 아이오나가 벌어들인 돈은 약 595만 원. 이 돈의 80퍼센트 정도는 아이오나를 1년 동안 소유한 첫 번째 주인의 몫이다. 아이오나는 곧 다시 팔려서 두 번째 주인을 만나 경주에 출전했지만 벌어들인 돈이 거의 없었다. 계속 성적이 좋지 않자 한국에서 데뷔한 지 2년 만에 퇴역 경주마가 되었다. 빠른 퇴출이다.

2000년 4월 29일, 아이오나의 주인이 바뀌었다. 한국에서 세 번째로 만난 주인은 경상도에 있는 승마장 사장이었다. 그는 경주마로 일하다 퇴역한 말들 중에서 아이오나를 선택했다. 여러 퇴역한 말들 중에서 어떤 이유로 아이오나를 선택했는지 뚜렷한 이유는 알 수 없지만 아마도 성격이 온순해서 승용마로 선택된 것이 아닌가 추측된다. 승용마의 중요한 자질은 빨리 달려야 하는 것이 아니라 성품, 학습 의지, 협조 능력이기 때문이다.

경주마로 활동할 때 성적이 월등하게 좋았던 말들은 씨수말이나 씨암말로 남은 인생을 보내기도 한다. 하지만 이것도 저것도 아닌 대부분의 퇴역 말들의 미래는 불확실하다. 승용마가 그나마 나은 미래인데 경주마였던 말들은 무조건 달리는 것만 알아서 승용마가 되려면 차분해지는 훈련을 다시 거쳐야 한다. 이 훈련이 제대로 이루어지지 않으면 사고가 날 수 있기 때문이다. 경주마에서 승용마로 변환되는 것도 확률이 낮은데 다행히 아이오나는 승용마로 전환될 수 있었다. 새로 얻은 기회였다.

경주마에서 승용마로 용도가 변경될 때 적합 심사 등의 절차는 없다. 그저 새로운 마주가 말에게 시간과 비용을 전적으로 감당할 의지가 있는지가 중요하다. 마주가 결심을 하면 용도 변경은 빠르게 진행된다. 퇴역 경주마가 승마용으로 바뀔 때 절차는 서류 몇 장뿐이다. 간단한 요식 행위지만 이는 단순한 용도 변경이 아니라 삶 전체가 바뀌는 것이다.

퇴역 경주마가 승용마로 팔릴 때 가격의 기준은 성품이나 여러 능력이다. 그런데 이런 기준과 상관없이 승용마로 비싸게 팔리는 경우가 있다. 예상 가능하게 '외모'다. 개, 고양이 등 반려동물을 입양할 때도 외모가 중요한 역할을 한다는 여러 연구 결과가 있는 것처럼 말도 마찬가지다. 털이 하얀 백마는 늘 인기가 많고, 크고 체형이 좋은 말, 갈기나 털 색이 예쁜 말 등은 다른 조건과 상관없이 비싼 값에 팔린다.

아이오나는 우여곡절 끝에 사람을 태우는 승마장의 말로 살게 되었다. 삶과 죽음이 갈리고, 어떤 승마장, 어떤 마주를 만나서 살게 될지 알 수 없지만 다행히 목숨을 이어갈 수 있었다. 가장 큰 변화는 발주대, 채찍, 경주 트랙과의 이별이었다. 경주를 싫어했던 아이오나에게 마침내 경마장에서 벗어날 기회가 생긴 것이다. 이를 두고 아이오나가 '운이 좋았다'고 말할 수 있을까? 아이오나가 경주마로, 승용마로 살 때 어떤 삶을 살았는지 정확히 알 수 없다. 그렇기에 누구도 '운이 좋았다'고 쉽게 말할 수 없다. 아이오나만 아는 시간이다.

☀ 새로운 이름 '초롱이'

서울에서 새로운 삶터인 승마장까지 가는 데 5시간이 넘게 걸렸다. 고정줄 1개에 의지한 채 덜커덩거리는 화물칸에서의 긴

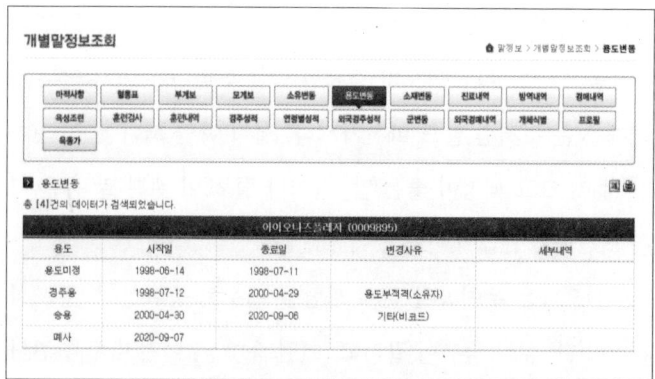

한국마사회 서류에는 초롱이의 용도 변경 내용이 기록되어 있다. 초롱이 사망일은 2016년인데 가족들이 슬픔으로 바로 신고를 하지 못해서 2020년으로 기재되었다.

시간을 견뎠다. 마침내 승마장에 도착했을 때 아이오나가 제일 먼저 만난 건 동료 말들이었다. 목적도 모른 채 다른 말들과 경쟁을 하며 정신없이 달려야 했던 때와는 다른 곳이다. 이곳에서는 말들과 다른 관계를 맺을 수 있을까.

승마장에서 새 이름도 얻었다. 아이오나 플레저라는 긴 이름 대신 초롱이라는 이름을 얻었다. 유난히 빛나는 초롱초롱한 검정 눈이 사람들의 마음을 사로잡아서 얻은 이름이다.

☀ 승용마로 살기도 팍팍하다

 승마장의 환경은 다 다르다. 열악한 곳이 대부분이고 좋은 곳은 많지 않다. 다행히 초롱이가 자리 잡은 승마장은 다른 곳에 비해 나은 곳이었다.

 이곳에서 초롱이에게 주어진 공간은 3평 남짓이었다. 때로 마방 톱밥이 깨끗한 것으로 교체되기도 했지만 아무도 배설물을 청소해 주지 않아서 파리, 모기와 씨름해야 하는 날들도 있었다. 홍콩은 매우 덥고 습한 여름에는 마사에 에어컨도 설치되어 있다는데 그건 남의 일이다. 요즘은 한국의 여름도 꽤 덥고 습한

데…. 쾌적한 바람이 불고 적당한 온도와 습도로 운영되는 마사가 세상 어딘가에는 있겠지만 초롱이의 방은 아니었다.

우리나라는 승용마를 위한 환경 가이드라인이 없다. 농어촌에만 세울 수 있다는 말 산업 특구를 위한 〈말산업 육성법〉, 승마장을 체육시설로 분류해 설명해 놓은 〈체육시설의 설치·이용에 관한 체육시설법〉 어디에도 말에게 직접적으로 필요한 내용은 없다. 말 관련 법에는 승마장을 방문하는 사람을 위한 안전 규칙만 존재한다.

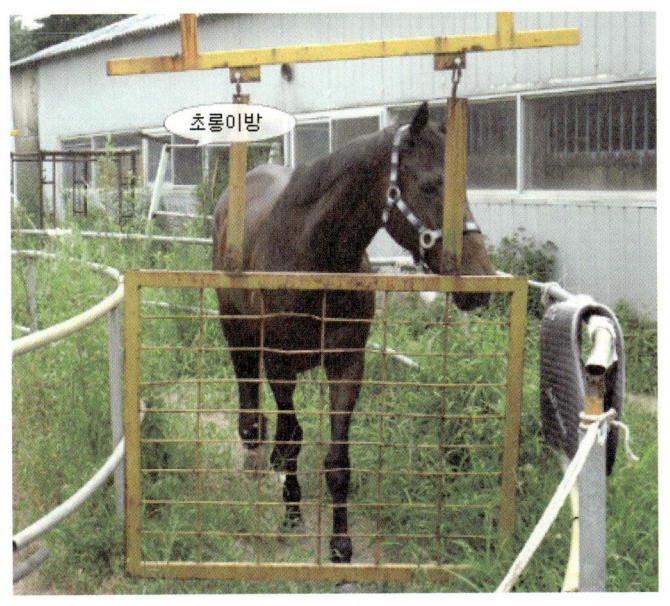

초롱이가 경마장을 벗어난 것은 다행이지만 승용마의 삶도 쉽지 않았다. 퇴역 경주마로 뛰다가 승마장으로 오는 말의 나이는 보통 5~6살이다. 어린 나이부터 죽기 살기로 뛰던 말들이라 대부분 신체적 질병을 갖고 있다. 지옥 같은 훈련 과정에서 다리 부상도 흔하게 발생한다. 초롱이도 예외는 아니었다. 초롱이 역시 경주마 시절 다친 것으로 추측되는 다리 부상으로 어려움을 겪었다.

경주마들은 이외에도 여러 질병을 안고 산다. 신체적 질병은 기본이고 정신적인 트라우마를 겪는 경우도 있다. 퇴역 경주마들은 승용마로 직업이 바뀐 후에도 사람을 태우면 전력 질주를 해야 한다는 압박감과 초조함을 갖기 때문이다. 이런 정신적인 어려움 때문에 낙마 사고도 자주 일어난다. 그래서 기수들의 모임인 홍콩기수클럽Hongkong Jockey Club에서는 말이 겪는 이런 어려움을 고려하여 퇴역한 경주마들을 위해 신체적, 정신적 재활을 돕는다. 전문가를 고용하기도 하고, 회복 시간을 충분히 갖게 한다.

퇴역 경주마에서 승용마로 전환한 말들의 이런 어려움을 치료해 주는 승마장 사장도 있지만 대부분은 그렇지 않다. 병이 깊어지고 돈을 벌 수 없게 되면 헐값으로 되판다. 그리고 더 이상 어떤 소용도 없게 되면 대부분의 말이 가는 곳은 도축장일 확률이 높다. 이게 말들이 처한 현실이니 말은 그저 마주의 선의에 기대어 살아남기를 바라야 한다.

☀ 처음으로 경험한 따뜻한 보살핌

초롱이가 승마장에 처음 갔을 때 동료 말은 둘뿐이었는데 시간이 흘러 친구가 여럿 생겼다. 초롱이가 승용마로 일하던

2000년대 초반은 말 산업의 규모가 커지던 시기였다. 돈이 된다는 소문 때문인지 환경은 열악한데도 승마장이 우후죽순 생기면서 승마 인구가 늘기 시작했다.

초롱이가 있는 승마장도 찾는 사람들이 늘었다. 승마를 하러 오는 일반 회원뿐 아니라 자마 회원도 증가했다. 자마 회원이란 말을 입양한 후 자신의 말을 승마장에 머물게 하면서 비용을 지불하고 돌봄 서비스를 받는 회원을 말한다. 말의 입장에서 보면 보호자가 생겼다는 의미다. 자마 회원들이 자기 말과 틈틈이 시합에도 나가면서 초롱이가 있는 승마장이 입소문이 난 것 같았다.

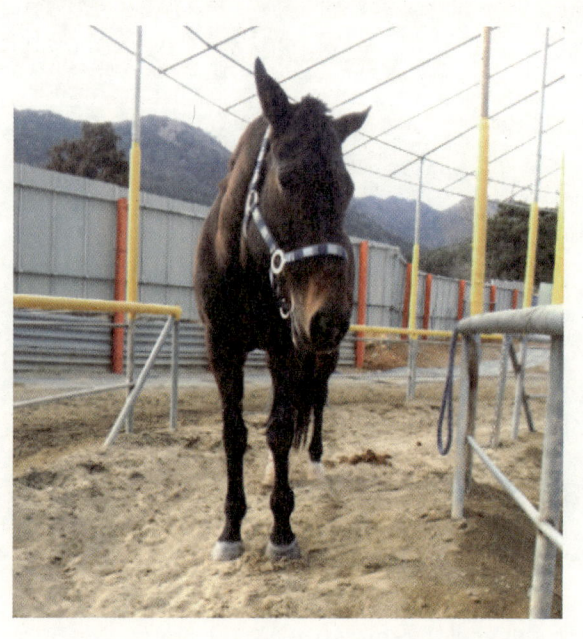

 승마장 규모가 커지면서 오가는 사람도 많아졌다. 그중에는 말을 아끼는 코치도 있었다. 승마장 코치는 사람과 말의 교육을 담당했다. 회원들에게는 승마 교육을 하고, 말들에게는 승용마로 살기 위한 여러 교육을 했다. 코치는 장애물 경기 선수이기도 했는데 말마다 각기 다른 특성을 잘 기억하고 돌봐 주는 걸로 유명했다. 덕분에 이때 다리가 아팠던 초롱이도 그에게 많은 도움을 받았다. 아마도 초롱이가 처음 경험한 따뜻한 보살핌이었을 것이다.

3장

아픈 다리로 12년 승용마의 삶을 견디다

☀ 승마장 수호천사, 그녀를 만나다

초롱이는 2000년 4월 29일에 이사 온 승마장에서 12년을 살았다. 승용마는 여러 이유로 승마장을 옮겨 다니는데 운 좋게도 초롱이는 한 자리에서 오래 지낼 수 있었다. 그리고 2012년 2월 18일. 운명처럼 승마장의 수호천사라고 불리던 그녀를 만났다.

그녀는 운동을 위해 매일 승마장에 오는 초보 회원이었는데 모든 말이 그녀를 기다렸다. 그녀가 승마장에 오는 날은 다른 날보다 몇 배는 즐겁고 행복했기 때문이다. 그녀의 주머니에는 늘 말이 좋아하는 당근, 사과, 각설탕이 두둑히 들어 있었고, 그녀는 승마장의 모든 말에게 골고루 나눠 주었다. 말 그대로 승마장의 수호천사였다. 당시 초롱이네 마사에는 말이 여럿 있었다. 특히

초롱이와 단비, 일지매, 모닝, 브랜드, 샤샤, 머스마는 멀리서부터 그녀의 발소리가 들리면 귀신같이 알고 마방 창문 밖으로 고개를 빼꼼 내밀었다.

승마를 시작하면서 이곳에서 처음 말을 실제로 봤다는 그녀는 승마보다 자신을 기다리는 말들에게 당근을 주는 재미에 푹 빠져 있는 것 같았다. 매일매일 당근 다발을 들고 마방을 기웃거리며 말과 수다를 떨었다. 마사는 가로가 긴 직사각형 모양으로 각자의 마방이 양쪽으로 길게 늘어선 형태였다. 마방에 각각의 말들이 머물렀는데 초롱이 방은 마사의 가장 끝에 있었다.

그녀가 여느 때처럼 말들에게 당근을 건네는 즐거운 시간을 보내고 있을 때 바닥을 심하게 긁는 소리가 났다. 무슨 소리인지 따라가 보니 맨 끝 마방에서 들리는 소리였다. 마방 앞에는 '초롱이'라는 명찰이 붙어 있었다.

"나를 불렀니? 안 긁어도 순서대로 다 줄 거야."

말을 자세히 보면 털색이나 무늬, 체형이 다 다르다. 하지만 승마 연습을 처음 시작한 초보였던 그녀는 말의 얼굴을 봐도 누가 누군지 구별할 수 없었다. 말에 대해 아는 게 없어서 얼굴을 봐도 구별이 잘 되지 않았다.

그런데 어쩐 일인지 초롱이는 처음부터 정확히 기억했다. 초롱이의 다리 상태가 한눈에 보아도 나빠 보였기 때문이다. 유난히 어둡고 낡은 마방에서 열심히 바닥을 긁고 있는 초롱이를 자세히 보니 한쪽 다리가 심하게 부어 있었다. 하얀 버섯처럼 보이는 고름 같은 것도 덕지덕지 붙어 있었다. 운동장에서 다리 아픈 말을 봤는데 아마도 그 말이 초롱이였던 모양이다.

그날 이후로 그녀는 당근 주는 순서를 거꾸로 바꾸었다. 초롱이에게 당근을 가장 먼저 배달했다. 혹시라도 먹지 못할까 봐 전전긍긍하지 않도록.

그런데 갑자기 당근 배급 순서가 바뀌자 마사가 술렁거렸다.

"당근이다! 어, 왜? 당근 안 주고 어디 가?"

마방 안에서 방방 뛰는 말, 앞발을 들어 머리를 내밀고 씩씩거리는 말, 문짝을 발로 냅다 차는 말, 창살을 물고 흔드는 말…. 당근 주는 순서가 바뀌었다고 마사가 난리가 났다. 특히 그녀가 매일 호흡을 맞춰 운동하는 일지매는 아주 넋이 나간 표정이었다.

"이봐요. 수호천사님. 저기요? 어디 가세요?"

물론 말들의 마음을 모르지 않는다. 사람이나 말이나 무언가 받기 위해 줄을 서서 기다릴 때면 혹시 받지 못할까 봐 조바심이 나게 마련이니까. 그걸 알기에 그녀는 뒤에서 기다리고 있던 말들에게는 당근을 아주 많이, 풍족하게 주고 나서야 승마장을 나섰다.

그녀는 단비, 일지매, 모닝, 브랜드, 샤샤, 머스마, 초롱이가 있던 마사뿐만 아니라 소유주가 있는 마사의 말들에게까지 바삐 오가며 말들과 사랑과 우정을 나눴다. 승마장에 가지 못하는 날이면 말들 얼굴이 하나둘 피어올라 보고 싶다고 일기장에 쓰기도 했다. 먹을거리를 한껏 챙겨 승마장으로 한달음에 달려가는 날에는 3~3.5평에 갇힌 말들의 좁은 공간이 수호천사의 온기로 가득했다.

☀ 초롱이의 승마장 동료들

초롱이의 승마장 동료들은 생김새도 성격도 다 달랐다.

단비는 달리기에 능했다. 침착하면서 눈치가 좋아서 승마하는 사람과의 교감이 뛰어났다. 멀리서도 알아보고 눈빛으로 인사를 건네며 반가움을 전할 줄 아는 말이었다. 단비와 눈이 마주칠 때면 그 따뜻한 마음이 고스란히 전해졌다.

일지매는 그녀가 승마를 시작한 지 얼마 되지 않았을 때 승마 파트너가 되어 준 고마운 말이다. 운동하기 싫은 날이면 일지매

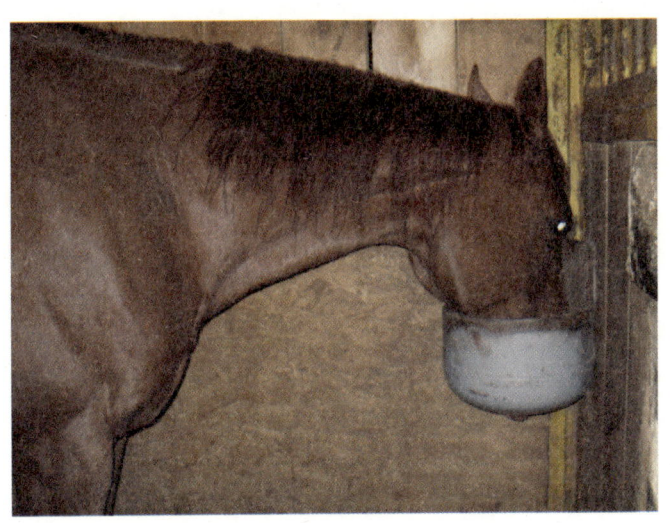

단비

는 최대한 느릿느릿 움직이면서 달리기 싫은 마음을 직접적으로 사람에게 전하는 솔직담백한 파트너였다.

모닝은 그녀의 첫 승마 파트너였다. 굉장히 잘생긴 모닝은 온몸을 덮은 까만 털이 특히 아름다웠다. 미간에 있는 별 모양의 하얀 털은 새까만 털 덕분에 더욱 조화롭고 돋보였다. 그래서 모닝을 딱 한 번만 봐도 사람들은 모닝의 얼굴을 잘 기억했다. 이런 카리스마 있는 모닝도 당근 앞에서는 적극적으로 귀여움을 어필하는 반전 매력이 있었다.

브랜드는 낯가림이 심하지만 단비처럼 마음이 따뜻했다. 낯

브랜드

가림 때문인지 점잖은 선배 포스가 풍기는 것 같기도 했다. 브랜드도 모닝처럼 모양은 약간 다르지만 미간에 작은 다이아몬드 모양의 하얀 털이 있었다.

간식 시간이면 브랜드 옆에서 코를 삐죽 내밀고 기다리는 깜찍한 샤샤는 자기 밥그릇에 있는 당근은 물론이고 그녀가 들고 있는 당근까지 탐낼 만큼 먹성이 좋았다. 한 번은 당근을 빨리 내놓으라고 수호천사의 손가락을 깨물기도 했다. 그 뒤로는 손가락을 깨물었던 게 미안했는지 당근을 허겁지겁 받아서 먹지 않고 살짝 받아 먹었다.

머스마

머스마의 첫 인상은 카리스마 그 자체였는데 함께하는 시간이 흐르고 친해지자 방방 뜨고 보채는 의외의 모습이 보여서 덕분에 웃었다. 옆방의 샤샤가 맛있게 당근 먹는 소리를 내면 끙끙 앓는 소리를 내면서 기다리다가 부산을 떨기도 하는 깨방정의 대명사였다.

초롱이와 함께 살고 있는 말들이 모두 초롱이처럼 경주마 출신인지 정확히는 모른다. 하지만 머스마는 경주마 시절에 꽤 큰 상금을 타기도 했다는 말을 들었다.

☀ 생에 대한 강한 의지, 모닝의 해피엔딩

모닝이 어느 날 쓰러졌다. 먹지 못하는 날이 길어지더니 힘이 없는지 일어나지도 못했다. 모닝은 원래 다리가 아파서 자주 쉬던 말이었는데 발굽 상처로 인한 염증이 더해지면서 이 지경까지 된 것이다. 체중이 얼마나 줄었는지 갈비뼈가 드러날 정도로 눈에 띄게 말라 갔다. 사람들은 저러다 죽을 것 같다고 입을 모았다. 하지만 모닝을 포기하지 않은 사람들이 있었다. 모닝을 아끼던 한 회원이 하루도 쉬지 않고 눈물과 사랑으로 모닝을 보살폈다. 수호천사 그녀도 힘을 보탰다.

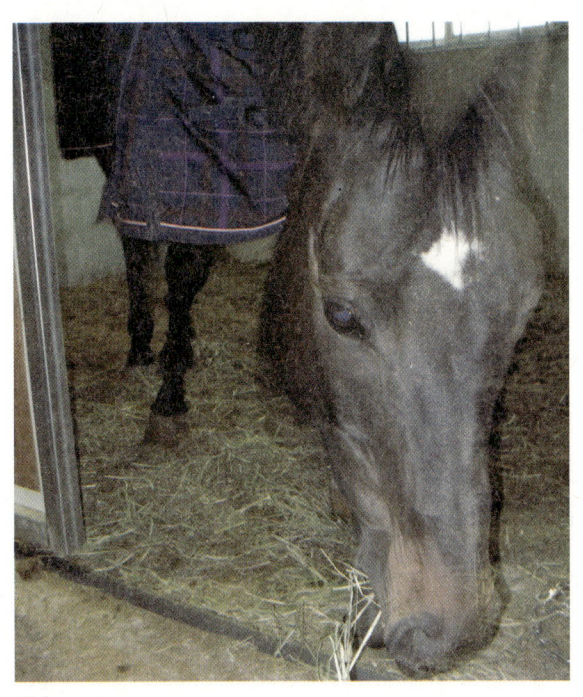
모닝

 그러던 어느 날, 모닝이 힘겹게 눈을 뜨더니 머리를 들며 일어서려고 애썼다. 말은 오랜 시간 누워 있으면 장이 꼬여서 죽는다. 아마도 모닝은 이를 본능적으로 알고 일어나려는 것 같았다. 자신을 지켜주던 회원과 그녀의 목소리에 응답하고 싶었던 것이었을까. 모닝은 비틀거리며 일어나더니 곁에 있던 사람들에게 몸을 푹 기댔다. 그때 모닝의 눈빛에서 생에 대한 강한 의지가 보였다.

'살고 싶어요. 살려 주세요….'

모닝은 애잔한 눈으로 계속 말하고 있었다. 모닝의 눈빛이 너무 절절해서 주변에 있던 사람들은 모두 눈물을 흘렸다. 모닝은 간절히 그리고 온전히 삶을 택했다. 스스로를 포기하지 않고 자신을 아끼는 사람들에게 용감하게 의지했다. 사람들은 기대온 모닝의 목을 꼭 껴안고 통곡했다.

다행히 그날 이후 모닝은 살아났다. 모닝을 곁에서 지키던 회원은 말에게 좋다는 영양제와 영양죽을 어떻게든 구해 와서 모닝에게 계속 먹였다. 그게 효과가 있었는지 상태가 점점 좋아졌고, 죽을 고비를 넘기지 못할 것 같던 모닝은 마침내 회복했다. 사람들의 사랑이 한 목숨을 살린 것이다.

그리고 기적처럼 들려온 입양 소식! 모닝을 지극정성으로 돌보던 회원이 마침내 모닝과 머스마를 입양했다. 모닝과 머스마가 한 가족이 된 것이다. 모닝과 머스마는 사이가 유달리 각별했는데 진짜 한 가족이 되었다. 모닝의 생에 대한 강한 의지와 그의 평화와 안녕을 기도했던 한 사람의 정성이 기적을 이루었다.

☀ 초보자를 알아보고 장난치는 일지매

일지매는 승마하기 싫은 날에는 느릿느릿 움직이면서 '오늘은 쉬고 싶다'는 의사 표현을 강력하게 하는 말이다. 승마 초보자 시절에 수호천사 그녀는 일지매와 서너 달 정도 운동을 했는데 툭하면 일지매 등에서 떨어지곤 했다. 덕분에 승마장에서 그녀의 별명은 '낙마 여인'이었다.

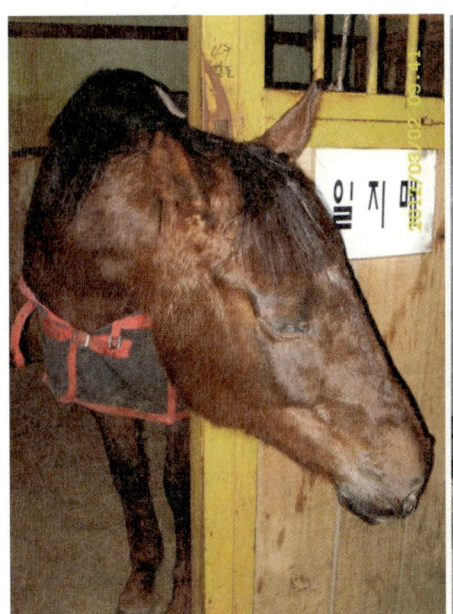 

일지매

왕초보 낙마 여인은 갑작스러운 경적 소리부터 바람에 스쳐 바스락거리는 비닐 소리까지 크거나 작거나 일단 소리가 나면 말에서 떨어졌다. 그뿐이랴. 일지매가 몸을 살짝만 틀어도 쿵하고 떨어졌다. 아프고 속상해서 우는 날도 있었다. 하지만 일지매가 아무것도 모르겠다는 맑고 순진한 눈으로 쳐다보면 '인간이 몸치라서 낙마하는 게 문제지'라고 스스로를 탓하며 연습에 매진했다.

그러던 어느 날이었다. 또 말에서 떨어진 후 일지매와 눈이 마주쳤는데 그 표정이 꼭 비웃는 것 같았다. 얼굴 근육을 씰룩거리는 게 영락없이 웃음을 참는 표정이었다. 저 능글거리고 아련한 눈빛은 뭐지? 시간이 지나고 알게 됐다. 말은 초보 승마 회원을 기가 막히게 알아내고, 은근슬쩍 몸을 흔들어서 떨어뜨린다는 것을!

이런 현상의 이유는 휴식이다. 말에서 떨어지면 또 떨어질까 봐 무서워서 사람이 승마를 중단하게 된다. 그러면 말도 자연스럽게 쉴 수 있다. 말은 겁쟁이 초보자들을 슬쩍 흔들어서 떨어뜨리면 자기도 쉴 수 있음을 아는 것이다. 물론 흔들어도 떨어지지 않으면 '이 사람은 만만치 않군' 하면서 별수 없이 말은 일을 한다. 일지매는 이런 상황을 잘 아는 야무지고 깜찍하고 귀여운 능글이다.

☀ 승용마 초롱이의 과거

 수호천사는 주로 일지매와 승마를 했지만 초롱이와 짝이 되는 날도 있었다. 일지매는 승마장 소속이 아니고 마주가 있었기에 마주의 결정에 따라 아마추어 시합에 참여해야 했다.

 초롱이랑 처음 호흡을 맞추는 날이었다. 운동장에서 초롱이가 안장을 얹고 그녀를 기다리고 있었다. 하지만 그녀는 초롱이 등에 올라타지 못했다. 초롱이가 발이 아프기 때문에 사람을 태우고 지나간 바닥에는 뒷발이 질질 끌려서 만든 자국이 뚜렷했기 때문이다. 아무 생각 없이 초롱이를 타는 사람은 알지 못하겠지만 그녀는 알고 있었다. 그녀의 눈에는 그 자국이 자꾸 아른거렸다. 망설이니 승마 코치가 말했다.

 "초롱이처럼 다리가 아픈 말들은 운동을 안 하면 다리가 더 많이 붓습니다. 건강을 위해서라도 일주일에 두 번은 운동을 해야 하니까 미안해하지 말고 타세요."

 수의사도 같은 말을 했었다. 결국 망설이고 또 망설이다가 초롱이 등에 올랐는데 천천히 가는데도 초롱이가 한쪽 다리를 절어서 균형이 맞지 않는 게 느껴졌다. 초롱이는 절룩절룩 걸으면서도 자신에게 맡겨진 일을 끝까지 해냈다.

 초롱이를 타면서 그녀의 눈에 초롱이가 그간 어떻게 지내 왔는지 초롱이의 과거가 파노라마처럼 그려졌다. 승용마로 지낸 시간이 얼마나 힘들었을까. 경주마의 삶을 벗어나고도 12년이라는 오랜 시간 동안 승용마로 이렇게 사람을 태웠고, 다리가 심하게 아픈데도 최선을 다해 살아왔겠구나. 너무 정직하고 성실해서 병이 난 초롱이. 초롱이를 보면서 착하고 성실하면 복이 온다는 말이 아프고 슬픈 위로라는 생각이 들었다.

그날 이후 초롱이가 계속 걱정되고 신경 쓰였다. 초롱이에 대해 더 알고 싶어서 승마장 사장에게 이것저것 물어보았다. 처음 승마장을 시작할 때는 초롱이를 비롯해 말이 셋뿐이었는데 그 중에서 초롱이의 역할이 가장 컸다고 한다. 초롱이는 하루에 평균 7~8명의 손님을 태웠다고 했다. 하루에 그렇게 많은 사람을 태운다는 건 하루 종일 쉬지 않고 막노동을 하는 것과 같다. 많이 힘들었을 것이다. 그렇게 10년 동안 승용마의 삶을 보낸 후 2010년쯤부터 초롱이의 다리가 급격하게 망가졌다.

얼마 후 다시 초롱이와 운동할 때 사장과 나눈 대화가 떠올랐다. 어차피 초롱이는 누군가를 태워야 하니 그 시간을 조금이라도 덜 힘들게 해 주고 싶었다. 실제로 도움이 될지는 모르겠지만 어떻게든 초롱이를 탈 때 부담을 덜 주고 싶어서 엉덩이를 슬쩍 들기도 했다.

정직하고 성실해도 달라지는 것은 없었다. 초롱이는 아파도 사람을 태워야 하는 승용마다. 초롱이를 탄 회원들은 초롱이가 다리를 절기 때문에 사람도 몸 균형이 맞지 않아 승마를 하고 나면 허리가 아프다고 했다. 그러면서도 여전히 많은 사람들이 초롱이와 운동을 했다. 초롱이가 착해서 좋다고 했다. 아무도 초롱이를 미워하지 않았다. 그저 초롱이는 성실하고 아픈 승용마였다.

☀ 모든 것이 싫고 사라지고 싶었던 걸까

평소처럼 그녀는 승마장에 도착해서 먼저 초롱이부터 찾았다. 초롱이에게 말을 걸며 이야기를 나누고 있는데 승마장 사장이 오더니 오늘은 일지매랑 운동을 하라고 권했다. 초롱이만 보면 자꾸 눈물을 흘리니 안 되겠다고 했다. 행복한 승마를 위해 사장이 생각한 나름의 해결책이었다.

그녀는 일지매와 운동을 시작했다. 큰 운동장 쪽에서 초롱이가 다른 회원과 운동을 하길래 지켜보고 있었다. 그런데 초롱이가 갑자기 휙 돌아서는 바람에 타고 있던 회원이 떨어졌다. 다행히 다치지는 않았지만 무슨 이유인지 알 수 없었다. 초롱이는 진저리 치듯이 몸을 부르르 털더니 운동장 구석으로 가서 얼굴을 처박고 가만히 서 있었다. 그 뒷모습에 가슴이 아팠다. 한편으로는 걱정이 되었다.

'순한 초롱이가 왜 그랬지?'

초롱이의 뒷모습은 모든 것이 싫다고 말하고 있는 것 같았다. 그녀도 어느 날 갑자기 삶이 무겁고 숨쉬기도 힘들게 느껴져서 다 버리고 사라지고 싶다고 생각한 적이 있었는데, 초롱이가 꼭 그런 것 같았다. 물론 다리 질환이 점점 더 심각해지니, 고통을 견디기 어려워서 그런 것일 수도 있다. 생각이 많아졌다.

초롱이는 다리가 아픈 환마이지만 절룩거리는 걸음걸이에서도 당당함과 기백이 빛나는 말이기도 했다. 자신이 지닌 능력과 상황 안에서 최선을 다하는 초롱이. 그런 초롱이를 보면서 연민의 감정을 거두기로 했다. 연민과 동정심을 걷어내니 그녀의 눈에 지금까지 삶을 치열하게 살아온 한 생명이 보였다. 함부로 가여워할 수 없을 만큼 긴 세월을 충실하게 살아온 초롱이. 초롱이에게 필요한 것은 연민, 동정심, 가여움이 아니라 진심 어린 응원과 사랑 같았다. 그녀는 초롱이를 입양할지 처음으로 진지하게 고민하기 시작했다.

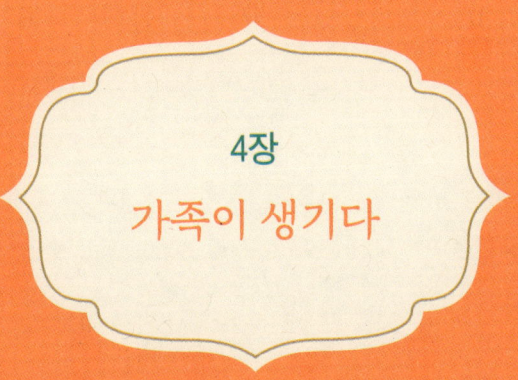

4장

가족이 생기다

☀ "저는 초롱이 엄마예요."

승용마 초롱이는 승마를 원하는 사람들이 찾아오면 그들을 태우고, 어떤 날은 옆방 말들과 어울리면서 하루하루를 살았다. 그렇게 승용마로 산 지 12년째인 2012년에 초롱이에게 다시 한번 삶의 큰 변화가 찾아온다. 바람만 불어도 말 위에서 떨어지던 승마 왕초보인 수호천사 그녀가 초롱이를 입양한 것이다. 승용마로 12년. 긴 시간이었다. 입양이 아니었다면 다른 곳으로 옮겨지거나 다리가 안 좋으니 안락사될 수도 있었다. 다행히 힘든 시간을 무사히 건너 가족이라는 일생일대의 만남을 이뤘다.

사실 처음 그녀가 초롱이를 입양하고 싶다고 했을 때 승마장 사장은 말렸다. 대신 인기 있고 좋은 말을 추천해 줬다. 그런데도 그녀가 끝까지 초롱이를 원한다고 하니까 솔직하게 말했다.

"초롱이를 판다는 게 양심에 꺼려집니다."

승마장 사장은 선한 사람이었다. 아픈 말을 돈 받고 판다는 게 미안했을 것이다. 하지만 그녀는 초롱이 그대로가 좋았다. 마방에서 맛있는 거 많이 먹이고 싶을 뿐이었다.

그녀가 승마장으로 운동을 다니기 시작한 이유는 아픈 과거 때문이었다. 개를 키웠었다. 처음으로 개를 입양해서 아기 때부터 애지중지 키웠고, 가족 모두 개를 많이 사랑했다. 하지만 길지 못했다. 생각지도 못한 끔찍한 사건으로 개를 잃고 말았다. 그 아픔이 너무 커서 한참을 방황했다. 그러다가 초롱이를 만난 것이다. 떠난 아이가 이어준 인연이었다.

입양을 생각하면서 돈 걱정을 하지 않을 수 없었다. 말 입양은 반려견 입양과는 많이 다르다. 초롱이가 앞으로 10년 정도 편하게 살려면 돈이 얼마나 필요할지 계산해 봐야 했다. 입양비가 있고, 개, 고양이처럼 집에서 함께 지낼 수 없으니 초롱이가 머물 마방 비용도 정기적으로 지불해야 했다. 초롱이에게 들어갈 돈을 계산한 다음 그녀는 자신의 노후 자금을 꼼꼼하게 살폈다. 차근차근 살펴보니 노후 자금의 반을 초롱이에게 기꺼이 쓰면 될 것 같았다. 돈은 간당간당했지만 마음은 벅찼다. 돈으로 충당할 수 있으면 된 것이다. 뿌듯했다. 하지만 이런 뿌듯함도

2012년 5월 26일. 초롱이 입양하던 날

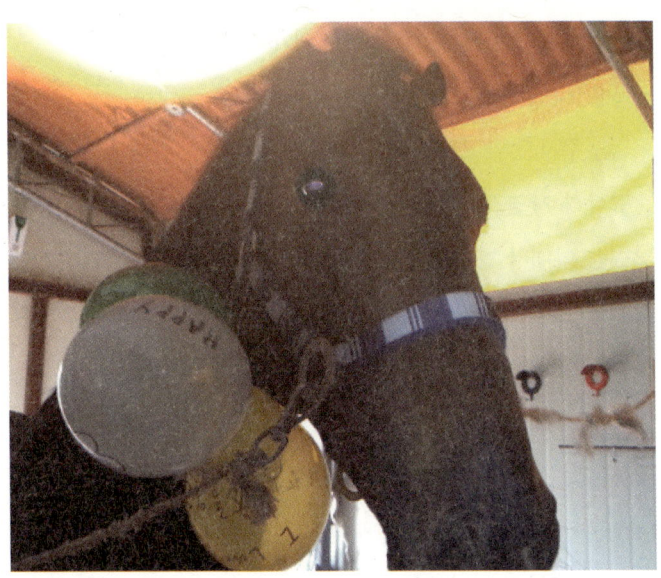
2012년 10월 6일. 입양하고 처음 맞은 초롱이 생일

잠시. 말의 치료비는 다른 반려동물과는 다르다는 것을 잊고 있었다. 당장 병원비, 약값 나가는 것을 보고 깜짝 놀랐다. 생각지 못한 난관이었다. 마음을 다잡았다. 노후 자금을 아예 초롱이에게 전부 쓰기로 결심했다.

가족들에게는 초롱이 입양을 바로 밝히지 않았다. 가족들은 그저 승마를 하러 다닌다고만 알고 있었다. 그러던 어느 날, 차에 문제가 생겨서 남편이 승마장에 데려다주다가 초롱이를 보게 되었다.

"저 말은 다리가 왜 저래?"

"응. 다리가 아픈 애야. 그래서 내가 저 말 샀어."

"어어…, 그럼 치료를 해 줘야겠네."

"응. 주사도 맞고 치료도 하고 있어."

굉장히 자연스럽게 남편에게 초롱이 입양을 알리게 되었다. 남편은 아내가 반려견을 잃고 많이 힘들어했던 것을 오래 지켜봤기에 초롱이를 만난 후 웃는 아내를 보면서 다행이라고 생각한 듯했다. 고마웠다.

2012년 5월 26일. 초롱이에게 가족이 생겼다. 그리고 그녀에게는 새로운 이름이 생겼다. 초롱이 엄마! 처음에는 초롱이 엄마라는 별칭이 좀 낯설었는데 시간이 지날수록 좋았다.

"저는 초롱이 엄마예요."

자랑처럼 말하고 다녔다. 이제 가족이니까.

입양 전에는 고민이 많았다. 가장 큰 고민은 말에 대해서 아는 것이 너무 없다는 것이었다. 운동하러 승마장에 간 지 몇 달 되지도 않았고, 말들이 순하다는 것밖에는 아는 게 없었다. 더군다나 초롱이는 다리가 아픈 말이었다. 초롱이를 입양해서 다리를 낫게 해 주겠다는 생각을 하면서도 정작 어떻게 해야 할지 막막했다.

될 수 있는 한 입양 절차를 신속하게 하고 초롱이를 바로 병원에 데려가기로 마음 먹었다. 말에 대해 잘 알지도 못하면서 입양을 서둘렀다. 비싼 수술비 때문에 승마장에서는 초롱이의 고통에 대해 손 놓고 있었을 거라는 생각이 들자 마음이 급했다. 초롱이의 다리를 하루빨리 낫게 해 주고픈 마음뿐이었다.

많은 사람들이 초롱이에 대해서 한마디씩 했다. 착하다, 짠하다, 순하다, 예쁘다…. 그러면서도 입양하겠다는 사람은 없었다. 반면 초롱이 엄마는 초롱이가 그냥 좋았다. 입양해서 햇볕이 잘 드는 좋은 마방에서 살게 해 주고 싶고, 좋아하는 당근도 많이 먹게 해 주고 싶고, 곧바로 다리 치료도 해 주고 싶고, 그냥 다 해 주고 싶었다. 그 생각만으로도 행복했다. 초롱이가 먼 산을 멍하니 초점 없이 바라보는 것마저도 사랑스러웠다.

입양한 후 초롱이의 행동이 조금씩 달려졌다. 엄마가 아침에

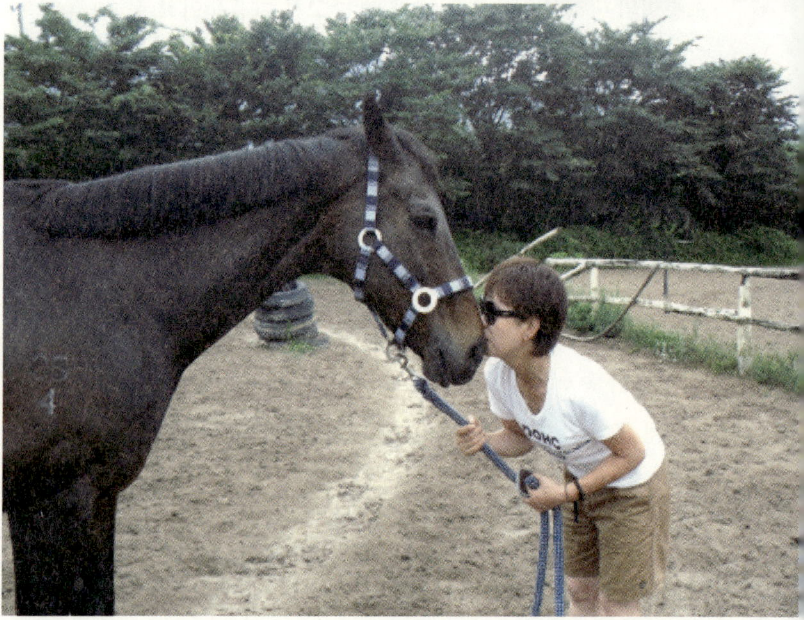

마방에 나타나면 '클클클' 소리를 내면서 반겼다. 누워 있다가도 벌떡 일어나서 코를 벌름거리며 방문 앞으로 다가와서 코를 댔다. 엄마를 반기고 기다렸다는 의미다. 그러고는 바로 부비부비도 하고, 코로 꾹꾹이도 해 준다. 애교가 점점 늘고 있다.

☀ 서러운 셋방살이

입양 후에 초롱이는 승마장을 이곳저곳 이사를 자주 다녔다. 사람들이 이유를 물으면 이렇게밖에 대답할 수 없었다.

"덩치라도 작으면 그냥 집으로 데려가고 싶어요."

말과 함께 살려면 상당한 물리적 조건이 필요한데 쉽게 해결될 수 있는 문제가 아니다. 말을 매일 보면서 함께 살려면 말이 살 수 있는 공간을 마련해 줘야 한다. 먼저 일정 크기의 땅을 사서 말이 머물 수 있는 마방과 걷고 달릴 수 있는 마장을 지어야 한다. 단기간에 할 수 있는 일도, 쉽게 할 수 있는 일도 아니었다. 그래서 대부분의 사람들은 승마장에 의존한다. 말을 승마장에 맡기는 것이다. 그런데 마음에 딱 맞는 곳이 많지 않다 보니 승마장을 자꾸 옮긴다. 초롱이 역시 엄마와 함께 보낸 4년 4개월 동안 승마장을 다섯 번이나 옮겼다.

이유는 다양한데 가장 중요한 것은 먹는 문제다. 말이 먹는 건초를 잘못 보관하면 쉽게 곰팡이가 생기거나 상한다. 그래서 승마장에서는 말에게 급여하기 전에 건초의 상태를 살핀다. 상한 건초를 솎아내는 중요한 과정이다. 그런데 많은 승마장이 바쁘다는 이유로 이 작업을 제대로 하지 않는다. 먹을거리에 문제가 생기면 말은 생명이 위험할 수 있는 산통을 겪는다.

산통은 배가 아픈 증상으로 단순 배앓이가 아니라 사망에 이를 수 있는 치명적인 증상이다. 소, 염소 등의 반추동물은 위가 여러 개 있어서 삼킨 먹이를 다시 올려보내고, 다시 씹어서 내려보내 섬유질이 많은 먹이를 효율적으로 소화한다. 하지만 말은 인간처럼 위가 1개뿐이다. 그래서 산통을 막기 위해서는 좋은 먹을거리가 중요하다. 그런데 그게 참 어렵다.

승마장마다 먹이는 게 다르다. 건초가 비싸다 보니 저급한 사료만 먹이는 승마장도 있다. 그래서 아픈 말이나 늙은 말을 입양한 자마 회원들은 전전긍긍한다. 혹시나 산통을 겪을까 봐 걱정되어 추가 비용을 내는 등 애쓰지만 달라지지 않는 승마장도 있다. 먹는 것이 부실해서 말이 배고파하거나 말라가는 모습을 보면서도 혹시 말에게 분풀이를 할까 봐 말을 하지 못하기도 한다. 그러다 보니 승마장에 자마를 맡긴 회원들은 승마장을 자주 옮긴다. 말을 자기 집에서 돌보면 이런 걱정을 하지 않아도 되

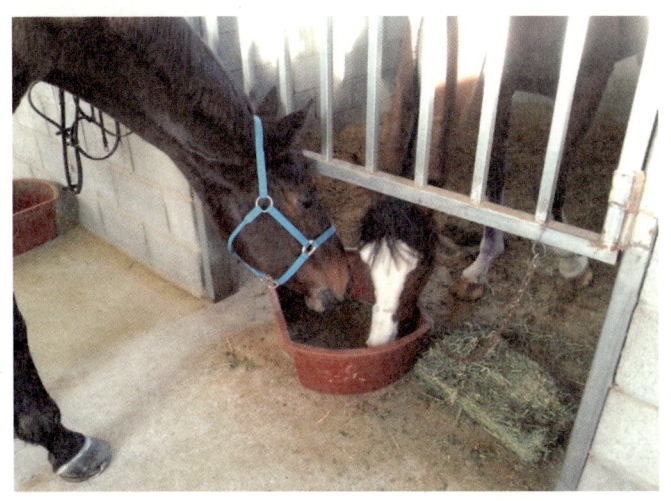

지만 넓은 공간과 여러 시설이 필요하니 현실적으로 어려운 게 현실이다.

마방 청결 문제도 승마장을 옮기는 주요 이유다. 말들은 대체로 3평 남짓의 개별 마방에서 긴 시간을 보낸다. 운동장에 나가는 시간 외에는 좁은 공간에서 먹고, 쉬고, 톱밥 위를 뒹굴고, 배변 활동을 하고, 톱밥 사이의 건초 부스러기를 찾아 먹으면서 지낸다. 그런데 톱밥이 교체되지 않은 채 마방이 더럽고 습하면 말의 발굽에 문제가 생긴다. 때문에 마방 청결은 중요하다. 청결 문제 때문에도 승마장을 옮기는 마주들이 많다.

말에 대한 인식 부족도 문제다. 승마장은 대부분 사람들이 원하는 모습으로 말을 훈련시키는 말 순치 훈련을 한다. 그런데 훈련 중에 말을 굶기거나 때리기도 한다. 비윤리적이고 문제적인 훈련 방법이지만 이걸 막을 법과 제도가 없으니 불법도 아니다.

승마장에 대한 마주들의 바람은 소박하다. 맡긴 말들에게 질 좋은 건초 먹게 해 주고, 똥 오줌 자주 치워서 깨끗하게 살게 해 주고, 깨끗한 물 항상 마실 수 있게 해 주고, 마주가 승마장에 못 가는 날에는 마방에만 가둬 두지 말고 왔다 갔다 할 수 있도록 잠시라도 방목해 주면 좋겠다는 것 정도다. 더울 때는 선풍기라고 좀 돌려서 시원하게 살게 해 주고, 겨울에는 따뜻한 물로 목욕이라도 하게 해 주었으면 하는 마음이다. 그런데 이런 당연한 것이 참 어렵다. 승마 산업의 규모는 나날이 커지는데 관련 제도가 많이 부족해서 지금도 수많은 말들이 셋방살이를 전전하면서 안전하지 못한 공간에서 삶을 이어가고 있다.

☀ 초롱이의 과거를 아는 사람들

초롱이를 입양했다는 소문이 났나 보다. 회원들이 다가와서 과거 초롱이 이야기를 들려주기 시작했다. 덕분에 사람들의 기억 속 초롱이의 과거를 조금 알게 되었다.

어느 날 한 회원이 옮긴 승마장까지 달려와서 초롱이 이야기를 들려주었다. 초롱이의 승용마 시절을 기억하고 있는 분이었다. 그녀는 초롱이를 보더니 초롱이가 많이 변한 것 같다며 자기의 기억 속 초롱이는 그저 '일을 정말 많이 했던 말'이라고 했다. 당시 승마장에는 승마 초보자를 안전하게 태워 주는 말이 초롱이밖에 없어서 초롱이가 정말 일을 많이 했다고 했다. 초롱이와 승마를 해 보지 않은 초보자가 없을 정도였다고!

그녀는 어느 날 승마장에 갔다가 초롱이 다리가 퉁퉁 부어 있는 모습을 보았다고 기억했다. 그런데 이후 승마장에 갔더니 초롱이가 보이지 않아서 죽은 줄 알았다고 했다. 그런 초롱이가 이렇게 무사하게 잘 지내는 모습을 볼 수 있어서 무척 기쁘다며 반가워했다.

그 긴 시간 동안 초롱이는 등짝이 휘도록 사람을 태웠구나. 본인의 의지와는 상관없이 망가진 몸을 움직이며 무덤덤하게 살았던 초롱이. 초롱이의 과거가 퍼즐 맞추듯 하나씩 맞춰지고 있었다. 승용마로 산 12년이란 긴 시간 동안 도대체 초롱이는 얼마나 힘들게 살았던 것일까. 마음이 아팠다.

하지만 초롱이 엄마는 뜻하지 않게 초롱이를 기억하는 사람들을 만나면 빙긋 웃으며 초롱이의 현재 안부를 전한다. 이제 초롱이는 가족이 있는 행복한 말이니까.

☀ 알고 보니 흥부자 초롱이

 초롱이를 기억하는 사람들의 기억 속에 초롱이는 무던하고, 일을 많이 하던 존재였다. 그러나 초롱이는 엄마를 만나고 난 후 바뀌었다. 사람들의 기억 속 무채색 초롱이에서 다양한 색의 초롱이로 변했다. 아주 화려하게! 초롱이는 엄마가 오면 킁킁 소리를 내면서 반긴다. 누워 있다가도 벌떡 일어나서 코를 벌름거리며 문 앞으로 다가와서는 코를 갖다 댄다. 초롱이는 엄마를 기다리고 있다가 반기는 말이 되었다. 이렇게 사랑이 넘치는 아이인데 그동안 아무도 알아주지 못했다.

 말은 청각에 예민하다. 소리가 나면 그 방향으로 귀를 기울이거나 약간 흥분한 상태로 주위를 두리번거린다. 그런데 초롱이는 거의 모든 자극에 무감했다. 항상 무표정하게 석고상처럼 먼 곳만 바라볼 뿐이었다. 초롱이 엄마와 가족이 되었을 때도 마찬가지였다.

 "초롱아, 너는 눈이 너무 예뻐."
 "초롱이는 최고야."

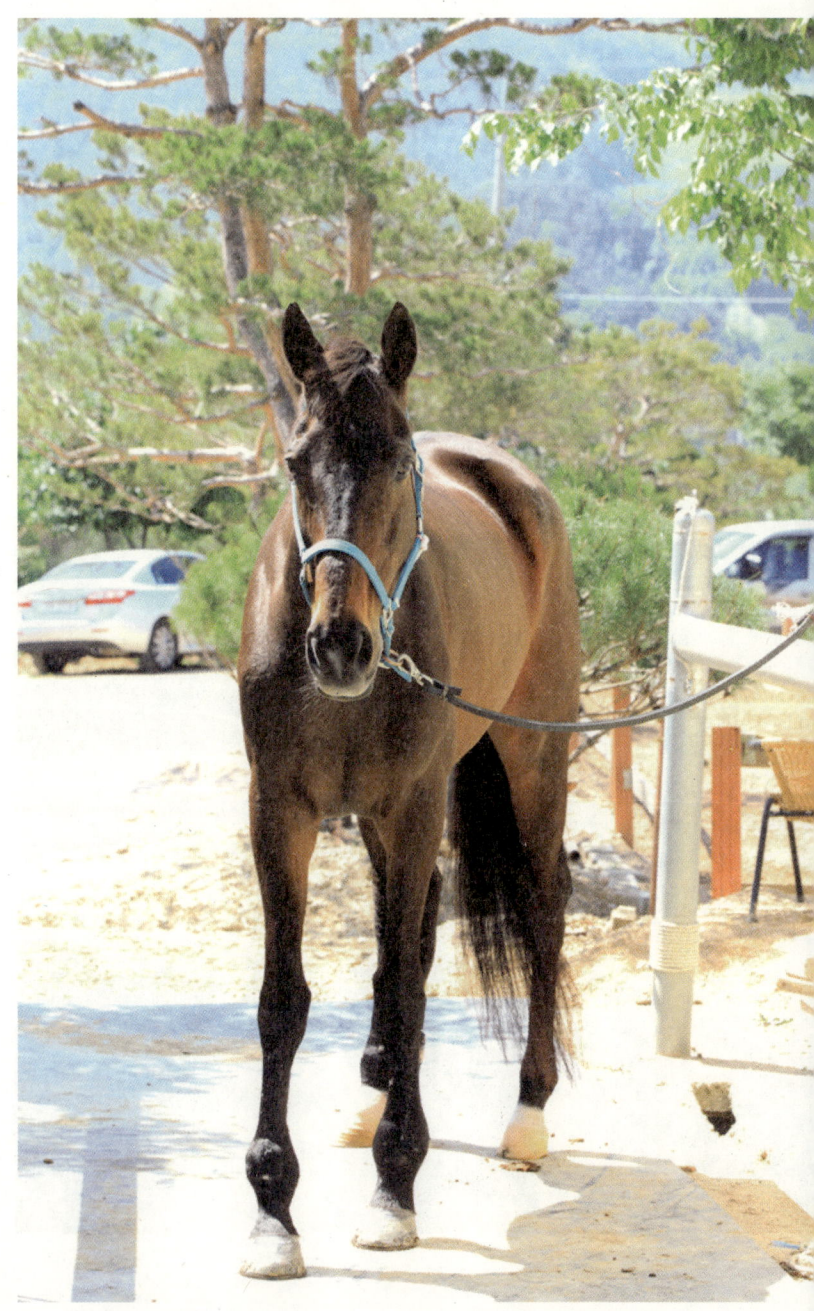

"초롱아, 사랑해."

온갖 말로 초롱이에게 사랑을 표현했다. 언어가 다른 나라에 가도 그곳 사람들과 말이 통하는 것처럼 느낄 때가 있다. 그처럼 초롱이와도 교감하고 대화할 수 있다고 믿었다. 하지만 초롱이가 마음의 문을 여는 데에는 시간이 걸렸다. 온전히 누군가의 사랑을 받는 것이 초롱이에게는 이해하지 못할 낯선 일이었을 것이다. 그럼에도 초롱이 엄마는 그 시간을 사랑과 정성으로 꽉꽉 채워 하루하루를 보냈다.

그러던 어느 날, 초롱이의 눈빛과 표정이 달라졌다. 생기로 빛나는 눈, 슬그머니 짓는 미소를 봤다. 엄마와 함께 마방에서 나올 때 옆에 사는 이웃 말이 초롱이 코에 자기 코를 대며 안부를 건네면 "히힝~" 하며 짧게 대답해 주는 횟수도 늘었다. 때로는 어깨춤을 추는 것처럼 으스대는 걸음걸이로 운동장을 걷기도 했다. 초롱이는 알고 보니 흥부자였다. 초롱이의 변화가 얼마나 기뻤는지 모른다.

☀ "여러분, 초롱이가 뒷발차기를 안 해요."

초롱이에게는 승용마 시절에 두 가지 소문이 있었다. 하나는 성격이 매우 온화하다는 것, 또 하나는 옆 혹은 뒤에서 다른 말들이 가까이 다가오면 가차 없이 뒷발차기를 한다는 것! 큰 문제는 없었지만 회원들은 초롱이의 이런 성향을 알기에 피해 다녔다.

초롱이 엄마도 소문을 들었기에 초롱이를 유심히 관찰했다. 초롱이는 주위에 다른 말이 없을 때는 평화롭게 운동을 하다가도 누구라도 가까이 다가오는 것을 느끼면 귀를 눕히면서 공격 자세를 취했다. 혹시라도 말끼리 사고가 날까 봐 걱정됐다. 그래서 말이 아무도 없는 쪽으로 초롱이와 운동을 다녔다. 갑자기 다른 말을 만나게 되어 초롱이가 귀를 바짝 눕히면 목을 토닥여 주면서 괜찮다고, 무서워할 것 없다고 안심시켰다. 엄마가 있으니 괜찮다고, 이제는 그런 걱정하지 않아도 된다고, 이제 너를 해치는 사람은 아무도 없다고 다정한 말로 초롱이를 안심시켰다.

어느 날, 평소처럼 말과 사람이 없는 것을 확인하고 초롱이와 천천히 운동을 하고 있었다. 그런데 한 회원이 말을 타고 초롱이와 초롱이 엄마 옆을 휙 달려가더니 짧게 소리를 질렀다.

"으악~~!!"

소리를 지른 회원은 초롱이 조금 앞에 말을 세우더니 "어머, 초롱이다. 어머 어머~" 하며 연신 감탄사를 내뱉었다. 왜 그러냐고 물으니 아무 생각 없이 초롱이 옆을 지나가다가 순간적으로 '초롱이는 뒷발차기'라는 생각이 번뜩 들어 놀라서 소리를 지르며 멈춘 것이라고 했다. 그런데 당연히 뒷발차기를 할 거라고 생각했던 초롱이가 아무 반응이 없어서 또 놀랐다고.

이런 난리법석 속에서도 초롱이는 아무렇지 않다는 듯 꼬리를 살랑거렸다. 그런 초롱이가 신기하다는 듯 그녀는 다른 회원들에게 큰 소리로 알렸다.

"여러분, 초롱이가 뒷발차기를 안 해요!"

이 소동에 회원들이 몰려오더니 초롱이 이야기를 하며 시끌시끌해졌다.

그때부터였다. 초롱이는 다른 말들의 존재에 크게 신경 쓰지 않았고, 귀를 눕히는 행동도 하지 않았다. 초롱이와 엄마 사이의 신뢰와 애정이 두터워지고 있었다.

☀ 초롱이가 기를 좀 펴고 사는구나

승마장에는 말을 씻겨 주는 관리사들이 있다. 관리사들은 보통 운동을 마친 말을 시원하게 씻겨 준다. 그런데 초롱이 엄마는 초롱이를 대부분 직접 씻겼다. 물론 사정이 있는 날은 관리사에게 맡기기도 했다. 목욕을 부탁한 다음 날 관리사가 허허 웃었다.

"초롱이가 의사 표현이 늘었어요."

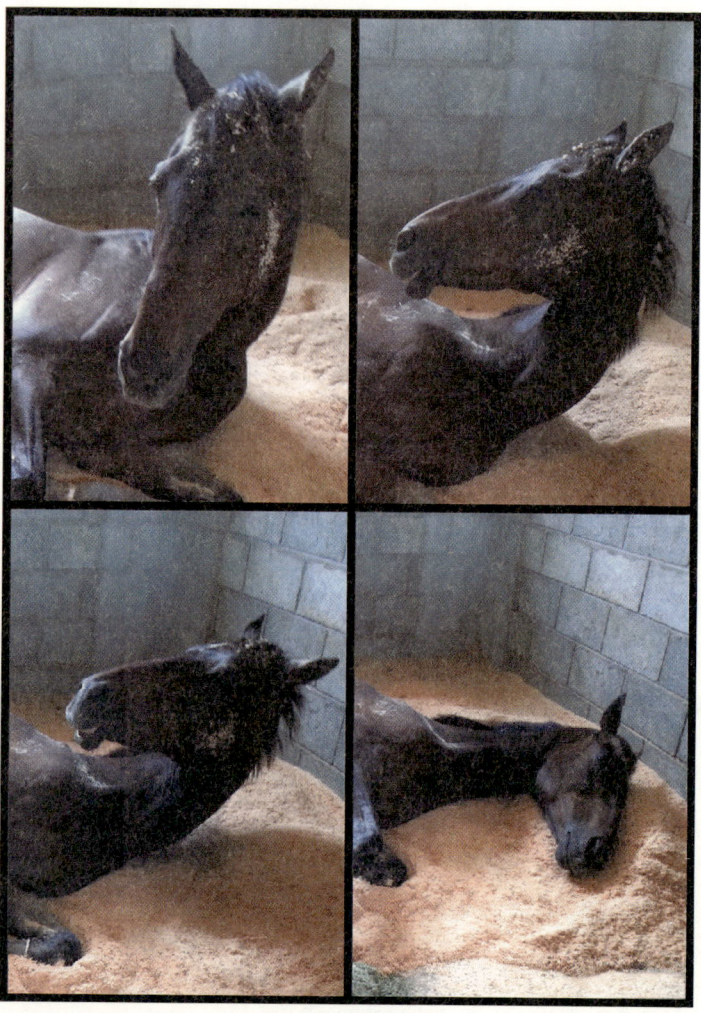

처음에는 그게 무슨 말인지 이해가 되지 않았다.

"예전에 초롱이는 뭔지 마음에 들지 않는 게 있어도 싫다는 표현을 하지 않았어요. 싫어도 무조건 참거나 견디는 말이었죠. 그런데 어제는 싫다는 표현을 명확히 하더라고요. 씻기는 게 뭐가 마음에 들지 않았는지 머리를 높이 치켜들면서 몸을 흔들더라니까요."

말을 입양한 회원들 사이에는 이런 말이 있다. 사랑과 보살핌을 가득 받은 말은 기가 살아서 승마장에서 서열이 높아진다고 했다. 하지만 서열이 높아진다는 말이 신빙성도 없어 보이고 그저 가벼운 농담 같았다. 그런데 관리사의 말을 들으니 기분이 나쁘지 않았다. 왠지 어깨가 으쓱해졌다. 초롱이가 이제 좀 기를 펴고 사는 것 같았다.

☀ 너를 닮아간다

초롱이의 화려한 변화만큼 초롱이 엄마도 많은 변화를 겪었다. 초롱이를 입양한 지 두 달 정도 되었을 때였다. 거의 매일 승마장에 가서 초롱이와 한 시간 정도 연습을 했다. 웬만한 승마 동작에 익숙해졌고, 큰 어려움 없이 운동을 했다. 근력도 생긴

것 같아 뿌듯함도 느꼈다.

휴무여서 승마장에 가지 않은 어느 월요일. 늦잠을 자다 깬 후 뒹굴거리며 누워 있다가 깜짝 놀랐다. 무심결에 다리를 봤는데 허벅지의 모양이 초롱이 다리 근육과 비슷해 보였다. 말은 허벅지 안쪽 윗부분이 불룩 튀어나오면서 아래쪽은 살짝 들어가 있는 형태다. 초롱이와의 운동으로 그 근육이 발달한 것이다. 그런데 그 근육이 초롱이와 닮아 보였다. 보디빌더처럼 다리가 우락부락하게 되는 것은 원치 않았는데 이를 어쩌나.

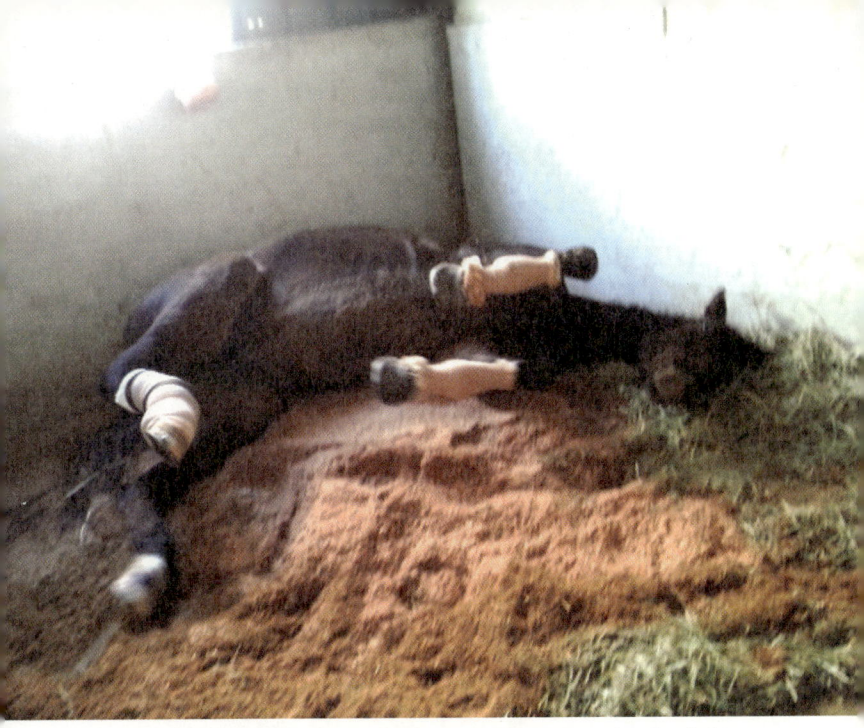

마방에 새 톱밥을 깔아 주니 초롱이가 좋았는지 신나서 뒹굴었다. 다리가 아프면 말은 뒹굴지 못한다.

다음 날 바로 승마장에 가서 회원들에게 해결책을 물었다. 승마를 계속하는 한 뾰족한 방법은 없다는 답변을 들었다. 정말 다리가 우락부락해지면 어쩌지 걱정되었다. 다행히 승마를 그만두면 원래대로 돌아온다는 말에 안심했다.

사실 막강 근육질처럼 되고 싶은 마음은 없지만 초롱이와 닮아간다는 사실에 내심 기뻤다. 당당하게(?) "우리는 사랑하는 사이라서 닮았소"라고 말할거리가 생겼으니 말이다.

5장

초롱이 소중하게 돌보기 대작전

☀ 초롱이가 엄마의 낙마를 막는 방법

초롱이를 입양하기 전에는 주로 일지매와 승마 호흡을 맞췄는데 종종 낙마를 했다. 말의 걸음걸이에 갑자기 가속도가 붙으면 말을 탄 사람이 중심을 잃고 떨어질 때가 있다. 초롱이 엄마는 허벅지와 종아리가 말의 배에 잘 밀착되지 않는 것이 낙마 원인이었다. 초보는 다리 근력이 부족하기 때문이다.

초롱이 엄마에게 우스갯소리로 낙마 여인이라고들 하지만 실제로 말에서 떨어지는 것은 매우 위험한 일이다. 말의 높이가 2미터 정도 되기 때문에 그 높이에서 속도가 붙은 상태로 떨어지면 부상을 입을 수 있기 때문이다. 거듭된 낙마 경험으로 요령 있게 떨어지는 법을 터득했다고 농담처럼 말하곤 했지만 100퍼센트

의도한 대로 안전하게 떨어질 수 있는 사람은 세상에 없다.

초롱이 엄마를 걱정하는 회원들은 낙마 방지 요령을 두 가지 알려 주었다.

하나는 경속보를 자주 하기, 두 번째는 무릎으로 일어서기다. 천천히 걷는 평보가 아닌 빠른 속보로 걸으면 몸이 많이 흔들리고 위로 튀기 때문에 떨어지기 쉽다. 그러다 보니 승마자는 안간힘을 쓰게 된다. 그래서 요령 없이 버티기보다는 반동에 맞춰 무릎을 이용해 일어나고 앉기를 반복하는 경속보를 이용하면 말의 움직임도 유연해지고 사람도 덜 힘들게 된다.

회원들이 일러 준 대로 실습에 들어갔다. 서투르지만 말의 움직임에 맞춰 자연스럽게 리듬을 탈 수 있었다. 몇 번이나 떨어질 뻔했지만 끝내 떨어지지 않았다. 그 뒤로 낙마 횟수가 현저히 줄었다. 특히 초롱이와 본격적으로 승마를 시작한 후에는 말에서 떨어진 적이 없다. 초롱이는 흥에 겨워 '따그닥따그닥' 뛰다가도 엄마가 미끄러질 것 같으면 알아서 속도를 줄이면서 부드럽게 멈췄다.

"초롱아, 힘들면 그만하자고 해. 힘들면 쉬어 가면 돼. 나는 네가 빨리 가면 오히려 무서워. 우리 천천히 가자."

박차나 채찍을 사용하거나 발기술로 신호를 보내지 않고도 초롱이는 엄마의 말을 정확히 이해하고 행동으로 옮겼다. 그럴

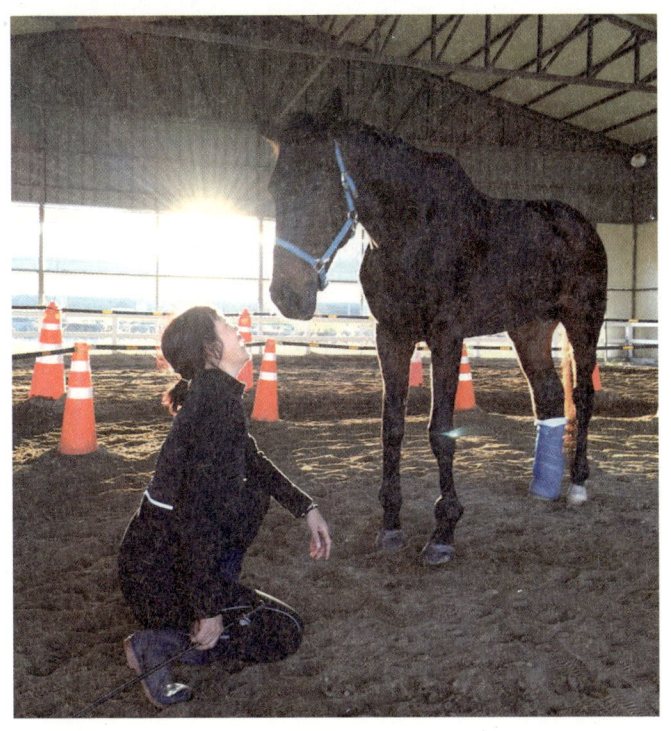

때마다 초롱이의 목을 꼭 껴안고 고마운 마음을 전했다. 어떤 말도 더 필요하지 않았다. 고마움과 사랑의 파동이 둘을 따스하게 감싸 안아 주는 것 같았다.

속보를 배울 때 속도가 빨라지니 좀 무서웠던 적이 있다. 어느 날 초롱이랑 속보를 하는데 등자(말을 탈 때 두 발로 디디는 기구로 안장에 달아 말의 양쪽 옆구리로 늘어뜨린다)에서 발이 빠지면서 몸이 휘청하고 자세가 틀어져서 떨어질 것 같았다. 그때 초롱이 목을 꽉 껴안으니 초롱이가 우뚝 섰다. 그래서 초롱이 목을 껴안은 채로 등자에 발을 끼울 수 있었다. 초롱이 덕분에 떨어지지 않고 무사히 운동을 끝내고 들어오는데 한 회원이 웃었다.

"아니, 아무리 초롱이가 좋아도 그렇지. 운동하다가 목을 껴안고 그래요?"

그게 아니고 떨어질 것 같아서 초롱이 목을 껴안으니 초롱이가 내가 자세를 잡을 때까지 가만히 서 있어 준 거라고 했더니 믿지 못했다.

"정말요? 진짜요? 그게 가능해요? 아무래도 초롱이가 전생에 사람이었나 봐요."

초롱이 덕분에 회원들이랑 한바탕 웃었다.

☀ 채찍은 싫어

초롱이 엄마가 낙마 다음으로 맞닥뜨린 두 번째 난관은 '부조'였다. 부조扶助란 일반적으로 남을 돕는다는 의미인데 승마에서는 사람의 의사를 말에게 전달하는 신호나 수단이다. 부조는 두 가지가 있다. 자연부조(주부조)와 인위부조(부부조).

자연부조는 체중, 다리, 고삐 등을 이용해서 전달하는 좀 더 자연스러운 신호다. 체중을 좌우 한쪽으로 실으면 말에게 좌측 또는 우측으로 가자는 신호가 된다. 체중을 어떻게 싣느냐에 따라 더 섬세하게 말과 소통할 수 있다. 또한 다리를 말에게 붙이거나 위치를 바꾸는 것으로 신호를 주기도 한다. 그렇다고 다리로 말의 배를 때리는 것은 아니다. 고삐는 사람들이 아는 것처럼 연결된 끈으로 말과 소통을 하는 방식이다.

자연부조가 원활하지 않은 초보자들은 인위부조인 채찍, 박차, 음성을 많이 쓰지만 실력이 늘면 쓰지 않는다. 말과 소통이 되기 시작하면 손가락 하나의 작은 움직임만으로도 충분하기 때문이다. 하지만 제대로 교육을 받지 못한 생활체육 승마인들의 경우 종종 채찍, 박차, 음성을 사용한다.

초롱이 엄마는 박차나 채찍을 이용해서 말에게 신호를 전달하는 것이 괴로웠다. 다른 의사소통 방법을 찾고 싶었다. 박차나 채찍 같은 도구들은 말에게 고통을 주는 폭력적인 방법이라는 생각이 들었기 때문이다. 몸이 아픈 초롱이의 신체적 특성, 차분한 성격과 맞지 않는 방법 같았다. 초롱이는 이미 다리가 많이 아팠다. 아픈 말의 배를 차면 다리에 더 무리가 가니 초롱이의 건강에 좋지 않을 터였다.

말은 원래 소리에 민감한 동물인데 초롱이는 다른 말보다 청

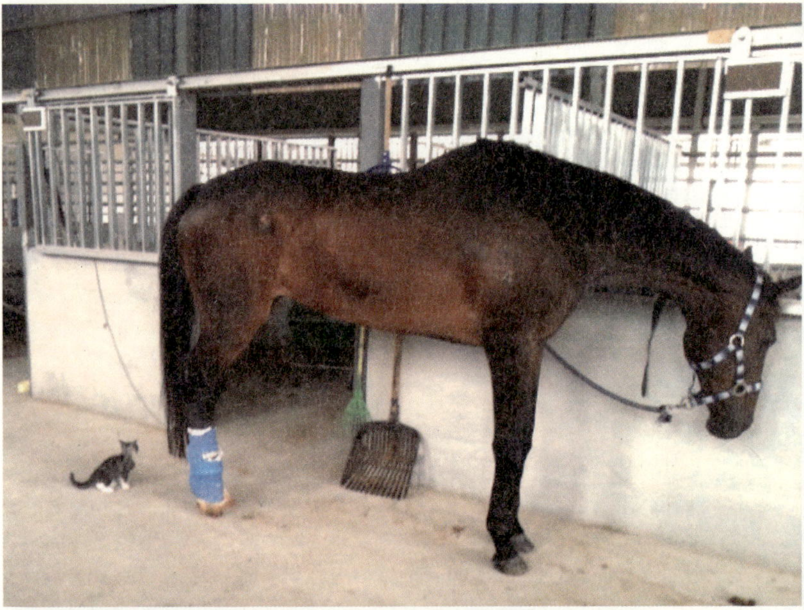

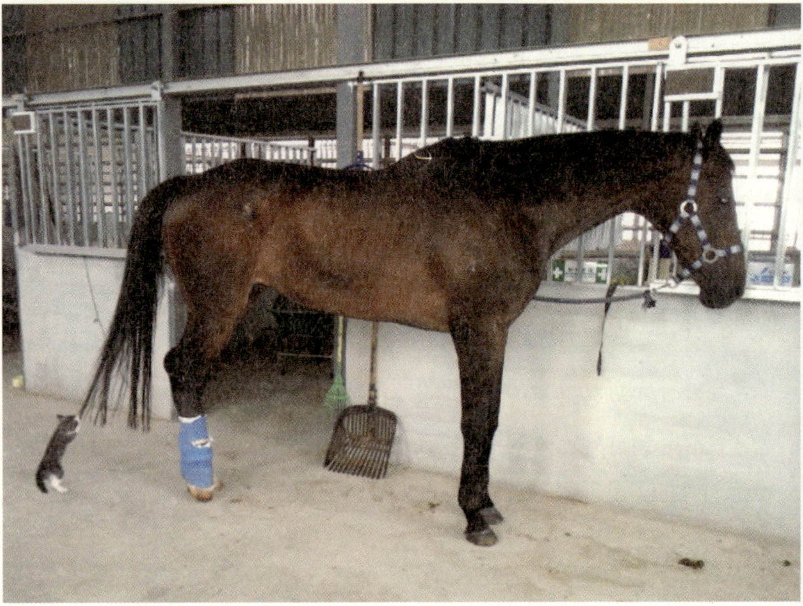

승마장에서 지내는 새끼 고양이가 말을 무서워하지 않고 마방 이곳저곳을 뛰어다니며 놀았다. 어느 날 고양이가 초롱이 꼬리를 잡고 놀길래 발길질할까 봐 걱정했는데 초롱이는 신경도 쓰지 않았다. 그래서 고양

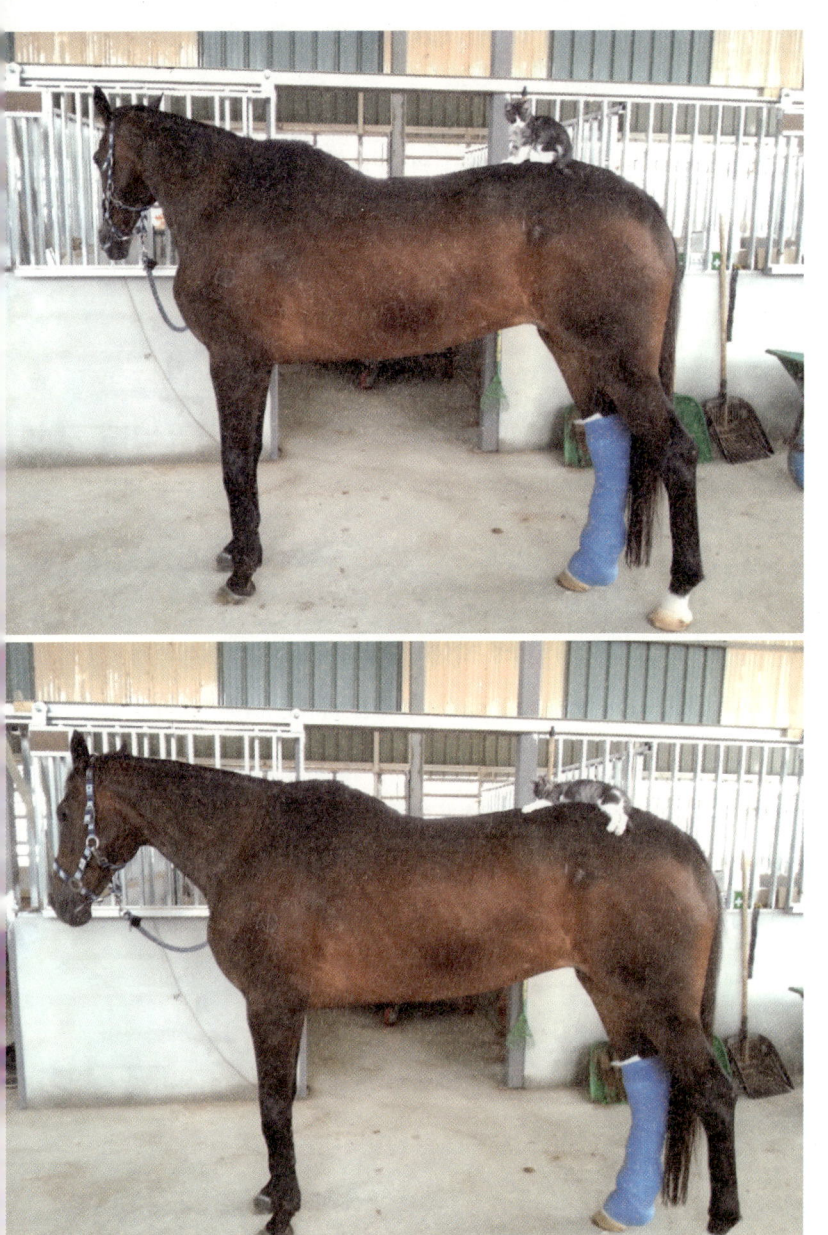

이를 초롱이 등에 살짝 올려 줬다. 그랬더니 고양이가 겁없이 초롱이 등에 편안하게 앉더니 엎드려서 한참을 있었다.

각에 민감하고 반응이 빨랐다. 이런 사실은 초롱이와 운동을 시작한 지 얼마 되지 않았을 때 알아챘다. 다른 말들은 박차와 여러 부조를 함께했을 때 행동으로 이어졌지만 초롱이는 음성만으로도 행동으로 연결되곤 했다. 초롱이 엄마는 초롱이와 음성만으로도 의사소통이 가능하다고 생각했고 실제로 성공적이었다.

초롱이는 특이한 점이 있었는데 사람의 손이 본인의 얼굴(특히 뺨) 쪽으로 향해 올라오는 것을 극도로 싫어했다. 평소처럼 등을 쓰다듬어 주다가 손이 얼굴 쪽으로 향하기만 해도 고개를 홱 들었다. 몸을 씻길 때도 얼굴을 닦으려고만 해도 몸을 펄쩍 튕겼다. 그럴 때마다 놀라고 당황스러웠다.

어느 날 초롱이 얼굴을 유심히 살펴보니 코뼈가 미세하게 가로 방향으로 튀어나와 있었다. 정확한 이유는 알 수 없지만 크게 다친 적이 있었던 것 같았다. 코뼈에 상처가 남아 있을 만큼 심하게 다쳤던 적이 있는 초롱이에게 그 어떤 아픔이나 괴로움도 주지 말아야겠다고 다짐했다.

초롱이 엄마와 같은 고민을 한 위대한 말 조련사가 있다. 몬티 로버츠Monty Roberts는 조인업Join-up이라는 새로운 방식의 말 훈련법을 고안했다. 전통적인 기존의 말 훈련 방식은 폭력적이었다. 망아지에게 억지로 안장을 얹고 사람이 강제로 말에 올라탄다. 이런 과정을 통해 말은 정신적인 충격을 받지만 그걸 견디면서 안장과 사람에 길들여지게 훈련된다. 하지만 몬티는 말들끼리 표현하는 행동 언어로 사람이 다가가면 신뢰 관계를 충분히 가질 수 있다고 말했다. 그리고 그걸 스스로 증명해 냈다. 개의 문제행동을 연구하는 동물행동 전문가들도 이런 몬티 로버츠의 조인업 훈련법을 개에게 적용할 정도다. 비폭력적이고 효과적인 교육법이기 때문이다. 최근 한국에도 몬티 로버츠의 철학과 훈련법으로 말과 소통하려는 곳이 생겼다. 한국 승마계의 작은 변화다.

☀ 일지매가 조금 서운했을까

초롱이를 입양하고 초롱이의 마방을 두 번 옮겼다. 승마장 소유의 말들만 모여 있는 마방에서 자마 회원 전용 마방으로 옮겼다가 바로 또 다른 마방으로 옮겼다.

승마장 소유의 말만 모인 마방은 어둡고 쾌쾌한 냄새까지 나는 상태였다. 그래서 초롱이를 입양하자마자 바로 자마 회원 마방으로 옮겼다. 그런데 옮긴 마방 근처에 풀이 많아 모기, 파리 등 벌레가 많았다. 초롱이는 다리를 다친 상태여서 환부에 벌레가 얼씬거리는 게 나쁠 것 같았다. 게다가 서향이라서 해가 잘 들지 않으니 온도와 습도가 적절치 않았다. 바로 다시 마방을 옮겼다. 새로 옮긴 마방은 해가 잘 드는 남향이었다. 환기도 잘 되다 보니 벌레도 이전 마방보다 적었다. 초롱이의 건강에 도움이 될 것 같았다.

초롱이가 마방을 옮기면서 일지매, 모닝, 단비, 샤샤, 브랜드와 멀어졌다. 아픈 초롱이를 돌보다 보니 초롱이 엄마도 이전 마방에 가는 횟수가 줄었다. 말들에게 미안하고 자주 못 보는 게 아쉽기도 했지만 어쩔 수 없었다. 초롱이의 고통을 무슨 방법을 써서라도 줄이기 위해서 여기저기 찾아다니느라 정신이 없었기 때문이다.

어느 날 승마장에 도착하자마자 초롱이부터 챙기고 오랜만에 승마장을 돌았다. 당근을 잔뜩 안고 초롱이와 같은 마방에 있는 말부터 이전 마방에 있는 말의 간식까지 챙겼다. 오랜만에 초롱이 엄마가 나타나자 말들은 반가운 듯 마방 문 위로 머리를 쭉 빼고 눈으로 인사를 건넸다. 일지매는 오랜만에 보는 초롱이 엄마가 어찌나 반가운지 뱅글뱅글 돌았다. 초롱이 엄마가 가까워지자 목을 길게 빼고 코를 초롱이 엄마의 가슴에 대고 킁킁거리면서 안부를 물었다.

일지매의 오두방정 인사가 너무 귀여워서 주머니에 있던 오렌지를 꺼내 한 입 주었는데 일지매가 평소와 다른 반응을 보였

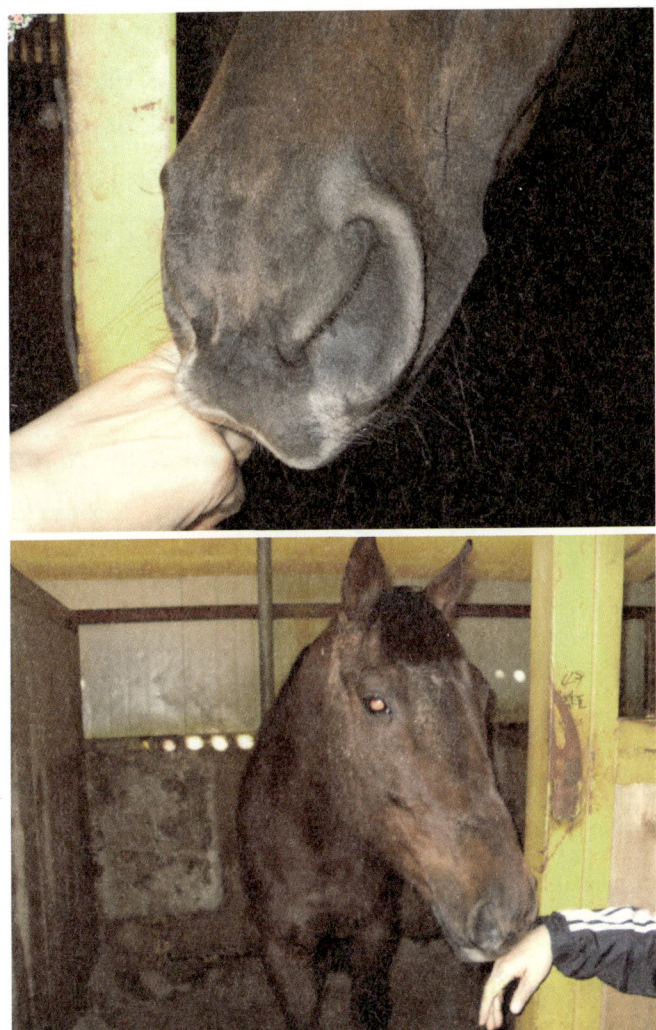

일지매

다. 날름 받아 입에 넣고 오렌지를 씹어 먹을 줄 알았는데 초롱이 엄마를 빤히 쳐다보기만 했다. 미동도 하지 않았다. 왜 그러지? 껍질 때문인가 싶어서 껍질을 까서 오렌지를 입에 계속 넣어 주는데도 입에 물고만 있었다. 그러더니 가까이 다가와 초롱이 엄마의 코에 얼굴을 대고 반짝이는 눈망울로 응시했다. 당황스러웠다.

"일지매, 왜 그래? 응?"

여전히 일지매는 묵묵부답이었다. 일지매의 속을 알고 싶어서 왜 그러느냐고 계속 물었지만 답을 들을 수 없었다. 한참을 그러고 있던 일지매는 걱정하지 말라는 듯 천천히 오렌지를 씹어 먹었다.

나중에 알고 보니 말은 새로운 음식을 주면 일단 받지만 입맛에 맞지 않으면 뱉어 버린다. 그런데도 일지매가 낯설고 신 오렌지를 먹은 것은 초롱이 엄마에 대한 신뢰 때문이었을 것이다. 물론 일지매의 마음을 전부 알 수는 없지만! 대화할 수 있다면 일지매가 원하는 걸 해 줄 수 있을 텐데 답답하고 아쉬웠다. 꼭 말로 해야 아는 건 아니다. 일지매의 눈빛은 오랜만에 와서 서운하다는 말을 하는 것 같았다. 아이들을 보러 조금 더 자주 오기로 결심했다.

☀ 우당탕탕 초보 엄마

초롱이한테 많은 걸 해 주고 싶다는 마음에 어느 날 승마장 근처 동네 구경을 나가기로 했다. 찻길이 위험하다는 것을 알려 주고 싶어서 초롱이를 데리고 동네 한 바퀴를 돌았다. 그런데 초롱이는 개 짖는 소리에 놀라고, 시커먼 비닐하우스 앞에서 흠칫하고, 항아리 앞에서 또 놀랐다. 승마장 안에서만 산 초롱이에게는 모든 것이 낯설고 무서웠던 모양이다. 초롱이를 데리고 나온 것을 후회했다. 놀라서 갑자기 튀어 나갈까 봐 초롱이 엄마도 초롱이만큼 떨었다.

떠는 초롱이를 보면서 벽돌에 발길질을 하는 척하며 큰 소리로 나무랐다.

"벽돌 이것들이 까불고 있어."

그러고 초롱이에게 가자고 하자 초롱이가 옆에 바짝 붙어서 따라왔다. 초롱이가 엄마를 보면서 웃는 것 같기도 했다. 앞으로 절대 도로 가까이 혼자 가면 안 된다는 둥 잔소리를 잔뜩 하면서 걸었다. 걷는 동안 초롱이는 눈망울을 반짝거리며 도로 구경을 했다.

하지만 마장으로 들어오자마자 코치에게 엄한 주의를 받았다. 말을 데리고 승마장 밖으로 나가는 건 아주 위험한 일이라

고 했다. 그러다가 말이 도로로 뛰어들면 심각한 일이 이어날 수 있기 때문이다. 그 말을 듣고 가슴이 철렁했다. 사실 코치는 초롱이 가족의 뒤를 쫓았다. 초롱이 엄마가 초롱이를 데리고 나가는 걸 보고 사고가 날 수 있겠다 싶어서 조용히 뒤를 쫓으면서 지켜보았다고 했다. 엄마라면서 이렇게 무지하다니. 코치에게도 미안했고, 많이 부족한 초보 엄마한테 의지하는 초롱이에게도 많이 미안한 날이었다.

☀ 혹시 말 키우세요?

초롱이 엄마는 언제나 초롱이와 동료 말들의 간식을 함께 챙긴다. 매주 당근 10킬로그램을 배달시켰다. 그러다 보니 택배 기사님과 정기적으로 만나게 되었다.

당근 배달을 시키기 시작한 첫 주에는 현관 앞에 당근 상자를 놓고 "당근이요!"라고 외치고 가셨다. "감사합니다!"라고 소리쳤지만 듣지 못하신 것 같았다. 상자가 꽤 무거워서 기사님께 늘 죄송하고, 감사했다.

그다음 주에 기사님이 상자를 건네며 당근으로 뭘 하는지 물었다. 꽤 많은 양의 당근을 또 주문하니 궁금하셨던 모양이다.

당근 택배

"아, 뭐 하는 게 있어서요. 가져다주셔서 감사합니다. 수고하세요."

대답에 기사님의 궁금증은 더 커지는 것 같았다.

답에 만족을 못 하셨는지 그다음 주에도 상자를 건네며 물었다.

"혹시 말 키우세요?"

일주일 동안 추리한 결론이었던 것 같다. 정말 궁금했던 모양이다. 하지만 이번에도 가져다주셔서 감사하다는 말만 남기고 답을 주지 않았다.

굳이 대답하지 않을 이유도 없지만 이유가 있긴 하다. 택배 주문 전에는 시장에 가서 당근을 샀다. 그런데 매번 좋은 당근만 골라서 서너 박스씩 사니 식품점 주인이 궁금했던 모양이다. 말에게 주려고 산다고 밝히자 그 후로는 은근히 싸고 상태가 안 좋은 당근을 권했다. 인간이 먹을 게 아니고 말이 먹을 거면 상태가 안 좋아도 된다는 사람들의 생각에 은근히 화도 나고 속상했다. 그래서 이후로는 말에게 먹일 거라는 이야기를 쉽게 하지 않았다.

다시 일주일이 흘러 넷째 주가 되었을 때 택배 기사님은 확신에 차서 물었다.

"말 키우시죠?"

아니라고 말했지만 기사님은 믿지 않는 것 같았다. 마침내 당근 배달 다섯 번째 주가 되었을 때 기사님은 말 키우시는 거 맞으면서 왜 자꾸 아니라고 하냐고 물었다. 별수 없이 지인이 말을 키워서 가끔 놀러 갈 때 주려고 사는 간식이라고 적당히 둘러댔다. 그랬더니 기사님은 자기 지인도 말을 키우는데 말이 당근 먹는 모습이 정말 귀엽다면서 함박웃음을 지었다. 아군임을 확인하고는 기사님과 즐겁게 대화를 이어갔다. 대화 도중 반짝반짝하는 초롱이의 눈망울이 생각나서 거짓말한 게 들통날 뻔했지만!

☀ 어느 여름날의 횡재

그날은 승마 클럽 회원들에게 횡재 운이 있었던 날이었다. 당근 횡재! 승마장 근처에 당근 밭이 있는데 때마침 당근 수확철이라 버려지는 B급 당근이 많다는 고급 정보를 획득한 것이다. 초롱이 엄마와 회원들은 리어카를 끌고 밭으로 달려갔다. 쑥 내민 배를 리어카 손잡이에 댄 채 행진하는 회원들의 모습은 '오늘 이곳 당근을 모두 접수해 버리겠다'라는 결연함 그 자체였다.

밭에 도착하자마자 바닥에 나뒹구는 당근들을 쓸어모으기 시작했다. 사람이 많으니 노동력이 부족하지는 않았다. 하지만 계속 허리를 굽히고 손목을 써야 하니 절로 "에구구~" 소리가 났다. 하지만 당근은 말이 너무너무 좋아하는 간식! 그것도 공짜! 초롱이가 당근을 먹을 때 빙그레 미소를 짓던 것을 떠올리며 젖먹던 힘까지 짜내서 수레에 당근을 실었다.

수레에 가득 찬 당근은 무게가 만만치 않았다. 처음 당근밭 진격 작전을 도모한 초롱이 엄마와 3인방은 힘을 합쳐서 클럽까지 수레를 끌어 보려고 했지만 역부족이었다. 결국 클럽에 있는 회원들에게 SOS를 보냈고, 한달음에 달려온 회원들 힘까지 보태서 무사히 당근을 가지고 올 수 있었다.

숨 돌릴 틈도 없이 당근을 물에 깨끗이 씻어 말들에게 나눠 주

얼굴을 파묻고 당근을 먹는 초롱이

기 시작했다. 여기저기서 오도독오도독 당근 씹는 소리가 경쾌했다. 아이들이 당근을 마음껏 먹는 소리를 들으니 허리 아픈 것도 손목이 쑤시는 것도 다 사라졌다. 그 소리가 정겹고 감사했다. 아이들 키울 때 밥 먹는 소리만 들어도 내 배가 불렀는데 딱 그 마음이었다.

말은 얼마나 당근을 좋아할까? 각설탕은?

🎯 말은 정말로 당근을 좋아하나?

정말 정말 좋아한다. 당근을 나눠 주려고 마방 앞으로 가면 문밖으로 목을 기다랗게 빼고 기다린다. 빨리 달라고 보채는 말도 있고, 힝힝 소리를 내며 목소리를 높이는 말도 있고, 얌전히 기다리는 말도 있다. 당근은 말이 정말 정말 좋아하는 간식이다.

🎯 말의 주식은?

말의 주식은 건초다. 알팔파, 티모시, 라이그라스, 블루그라스 등 다양한 종류의 건초를 먹는다. 가장 일반적인 건초는 알팔파와 티모시다. 알팔파는 1미터 이상 크는 콩과의 다년생식물로 티모시보다 단백질, 비타민, 칼슘 함량이 높아 한창 성장 중인 망아지나 다량의 영양이 필요한 말에게 급여하기에 알맞다. 티모시는 영양소가 알팔파보다는 적지만 풍부한 섬유질 덕에 주요 식단으로 공급하기에 적당하다.

말은 건초뿐 아니라 생초도 좋아한다. 하지만 건초만 먹던 말이 갑자기 생초를 많이 먹으면 배탈이 날 수 있다. 방목을 한다면 먹는 풀의 양을 살피면서 방목 시간을 조절해야 한다.

하루에 먹는 양은 체중 대비 2퍼센트다. 일반적인 서러브레드 종의 체중이 약 500킬로그램이니 하루에 10킬로그램을 먹는 게 이상적이다. 사료와 건초의 비율은 3 : 7. 하루에 사료 3킬로그램, 건초 7킬로그램을 먹는다.

🎯 하루에 당근을 얼마나 먹나?

당근은 주식이 아닌 간식이니 조금만 급여해야 한다. 말은 건초를 먹는 동물이기 때문에 수분이 많은 음식을 너무 많이 먹으면 설사 등 소화기계에 문제가 생길 수 있다.

당근을 적당히 잘라 주면 말이 알아서 아그작아그작 잘 씹어 먹는다. 젊은 말들은 당근을 통으로 줘도 씹어 먹을 수 있지만 대체로 8조각 정도로 잘라서 주면 적당하다. 나이가 많은 말들에게는 더 작게 잘라 줘도 된다.

🟠 각설탕은 간식인가?

말은 단맛을 선호하니 각설탕은 좋은 간식이 된다. 그래서 제목이 〈각설탕〉인 영화도 나왔다. 하지만 사람과 마찬가지로 지나친 당 섭취는 말의 건강을 해친다. 승마장에서도 각설탕은 하루에 서너 개 이상은 못 주게 한다. 그래서 초롱이 엄마도 말들에게 두세 개 정도씩만 준다. 말에게는 간에 기별도 안 가는 양이겠지만 각설탕은 주식이 아니라 기분 전환용 간식이기 때문이다.

☀ 초롱이의 완벽 여름나기

춘하추동, 계절의 변화가 아름다운 우리나라. 휴대폰 속 사진 배경이 꽃분홍이었다가 푸르렀다가 붉게 단풍이 지는 걸 보면서 1년의 흐름을 느낀다. 그런데 말이나 사람이나 그걸 제대로 느끼려면 부지런함이 필수다. 안 그러면 너무 덥거나 추워서 고생을 하기 때문이다.

말은 여름나기가 겨울나기보다 어렵다. 여름의 마방에는 똥, 오줌 때문에 파리나 모기 등이 생길 수밖에 없다. 파리, 모기는 말들의 꼬리, 귀, 몸통 등을 돌아다니며 성가시게 하기 때문에 말이 좁은 마방에서 날뛰다가 다치기도 한다. 특히 말의 상처 위에 벌레가 집요하게 달라붙으면 감염이 심화된다.

초롱이는 처음 만났을 때부터 다리에 만성 부상이 있어서 여름나기가 힘들었다. 승마장에는 피를 빨아먹는 파리가 있다. 말이나 소의 살갗을 파고들어 피를 빨아먹는 쇠파리다. 쇠파리는 초롱이의 상처 부위를 귀신같이 알아채고 달려들었다. 승마장에서도 약을 뿌리는 등 대처를 하지만 냄새를 맡고 달려드는 벌레들을 전부 내쫓기란 불가능하다. 그래서 초롱이 엄마는 매년 여름이면 초롱이의 완벽 여름나기를 위한 몇 가지 여름 '필수템(필수 아이템)'을 준비한다.

우선 파리막이 옷을 준비한다. 파리막이 옷은 얇고 통풍이 잘 되는 매쉬 소재여서 파리나 모기로부터 말을 보호하고 열기도 식힐 수 있는 여름 필수품이다. 극성스러운 파리와 모기 때문에 숙면을 취할 수 없던 초롱이에게 꼭 필요한 용품이었다. 몸에 닿는 감각이 낯설어서 싫어할 법도 한데 초롱이는 거부하지 않고 곧잘 착용했다. 첫 번째 파리막이 옷은 승마장 사장이 선물해 주었다. 초롱이와 초롱이 엄마의 인연을 축하한다며 흰색의 파리막이 옷을 선물했다.

초롱이 전용 선풍기도 초롱이를 기쁘게 했다. 마방 천장에 공용 선풍기가 몇 대 달려 있긴 했지만 바람도 약하고 거리가 멀어

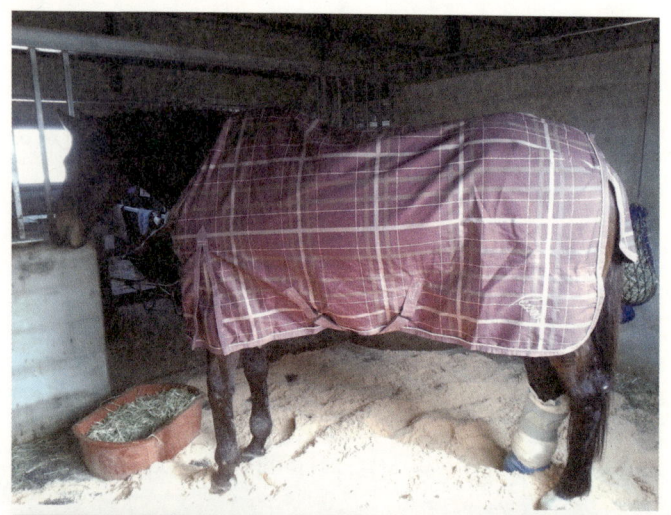

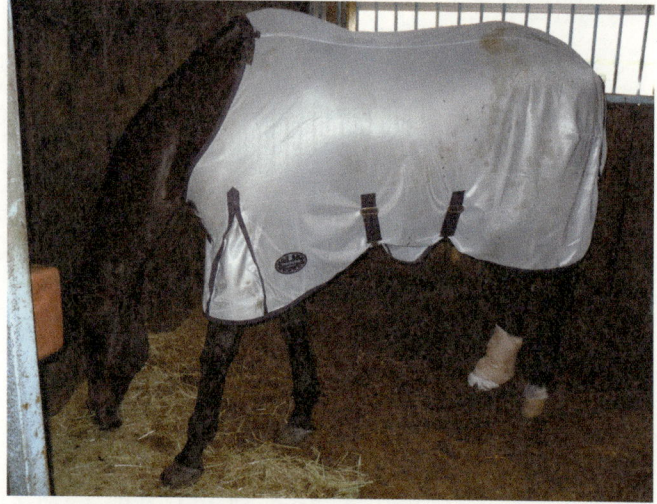

추위를 막는 겨울옷(위), 여름철 파리막이 옷(아래)

초롱이에게는 바람이 전달되지 않았다. 그래서 곧장 스탠드형 대형 선풍기를 사서 초롱이 방 앞에 설치했다. 선풍기가 돌아가자 시원한 바람을 즐기며 초롱이가 빙그레 웃었다. 분명 웃었다! 초롱이의 갈기가 선풍기 바람에 살랑살랑 움직이는 모양을 보자 비로소 한시름 놓였다.

그루밍grooming 도구인 글갱이도 여름 필수템이다. 글갱이는 말 몸에 묻어 있는 진흙, 각질, 이물질 등을 제거하는 도구다. 재질은 주로 플라스틱이나 고무. 말의 털은 길고 두꺼워 일반 솔로는 작은 먼지를 제거하기 어렵기 때문에 글갱이를 이용해야 한다. 여름이면 땀을 많이 흘려 자주 목욕시켜야 하는데, 그때 글갱이를 사용한다. 목욕 전에 각종 이물질을 제거하는 데 유용하다.

말을 목욕시킬 때는 사고 예방이 중요하다. 그래서 말의 얼굴에 있는 굴레의 양 끝을 고리에 걸고 시작한다. 발부터 찬물로 충분하게 적신 뒤에 다리, 엉덩이, 등, 목 순서로 부드럽게 씻긴다. 처음부터 머리에 찬물을 부으면 놀라서 날뛰다가 사고가 생기기도 하고, 급작스러운 체온 변화에 적응하지 못하고 쓰러지는 말도 있으니 조심해야 한다. 마지막으로 심장이 있는 배 부위와 얼굴을 가볍고 섬세하게 닦아 주면 목욕 끝이다.

처음에는 목욕이 끝나면 일반 수건으로 닦아 주었다. 그런데

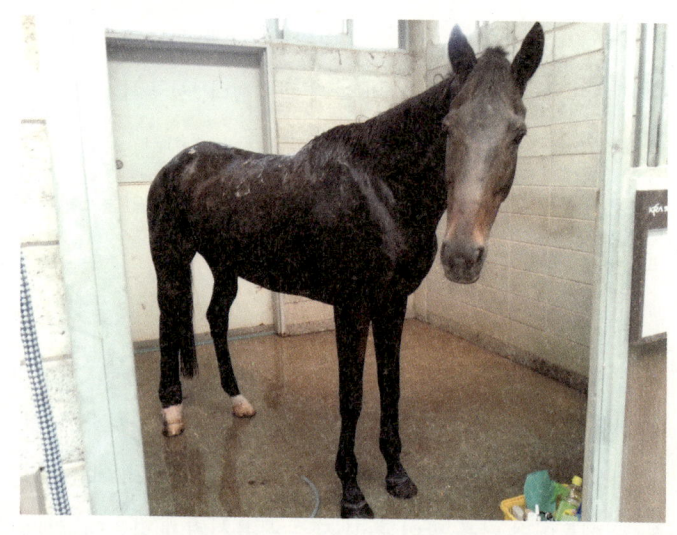

 수건만으로는 물기가 빠지지 않고 잘 마르지도 않아서 힘들었다. 우연히 인터넷에서 물기를 제거하는 스크래퍼를 쓰면 유용하다는 정보를 얻었다. 곧장 구매했는데 효과 만점이었다. 목욕을 마치고 스크래퍼로 쫙쫙 긁으니 물기가 금방 빠졌다. 수건으로 닦는 것과는 천지 차이였다. 그런 다음 수건으로 가볍게 닦고 선풍기 바람을 쐬면 건조 끝! 목욕에 드는 시간과 노동력을 절감할 수 있었다.

 자주 씻고 잘 말리니 벌레도 덜 꼬였다. 여름마다 글갱이, 스크래퍼 등 여름 필수템 효과를 톡톡히 봤다. 엄마의 관심과 노력 덕분에 초롱이는 매년 여름을 건강하게 보낼 수 있었다.

☀ 똥 봤다!

 일주일 중 나흘은 승마장으로 가기 위해 새벽 6시에 길을 나섰다. 부지런히 승마장 말들에게 눈도장을 찍고, 초롱이 돌보기 대작전 임무를 수행해야 하기 때문이다. 남들이 유난스럽다고 하든지 말든지 중요하지 않았다. 초롱이가 조금이라도 건강하기를 바랐기 때문에 돌봄에 최선을 다했다.

 마장에 도착하면 먼저 청소부터 한다. 말이 마방 안에 싼 배설물을 부지런히 치우지 않으면 톱밥이 쉽게 축축해지고 말굽을 금방 무르게 한다. 말발굽이 정상적으로 관리되지 않으면 제엽염(말발굽에 발생하는 급성 또는 만성 무균성 염증)이나 열제(말발굽의 벽이 갈라져서 금이 가는 증상) 같은 치명적인 질병에 걸리기 쉽다. 제때 치료하지 않으면 뼈가 문드러지고 염증, 출혈이 발생해 걸을 수 없게 될 수도 있다. 그래서 마방의 청결은 건강한 말발굽의 필수 조건이다. 특히 톱밥이 청결해야 한다. 그래서 청소를 마치면 젖은 톱밥을 걷어내고 푹신한 새 톱밥으로 채워 준다. 이래서 말 반려인들은 '말 발바닥 상태 = 건강의 척도'라는 공식을 마음에 새기고 발바닥 건강을 위해 노력한다.

 청소를 하다가 대변을 발견할 때면 심마니의 "심봤다!"처럼 "똥 봤다!"를 흥겹게 외치기도 했다. 더럽고 기피 대상인 똥이지만 초롱이가 싼 똥이라면 다른 이야기다. 똥은 더러운 게 아니라 우리 아이의 건강을 알아볼 수 있는 척도이기 때문이다. 오히려 똥을 발견하지 못하면 어디 아픈 건 아닌지 걱정되고 불안한 게 엄마의 마음이다. 특히 산통이 가장 무서운데 산통에 걸리면 똥을 누지 못하기 때문에 청소하다가 똥을 발견할 때마다 기쁠 수밖에 없다.

촉촉하고 적당한 크기의 똥을 누면 초롱이를 쓰다듬으며 "잘했다"고 칭찬한다. 참 감사한 똥이다.

☀ 초롱이 혼자 씩씩하게 편자 교체를 마치다

초롱이와 가족이 되고 처음으로 편자를 교체하던 날을 또렷이 기억한다. 초롱이도 초롱이 엄마도 잘 해낼 수 있을지 많이 긴장했기 때문이다.

편자는 말발굽이 닳는 걸 막기 위해 씌우는 일종의 '말 신발'이다. 편자도 용도마다 달라서 경주마는 달릴 때 부담되지 않는 플라스틱이나 알루미늄 소재로 만들고, 승용마는 보통 쇠로 만든다. 가격은 천차만별이다. 편자는 한 달 또는 두 달에 한 번 정도 주기적으로 교체해야 한다. 그러지 않으면 말발굽이 자라다

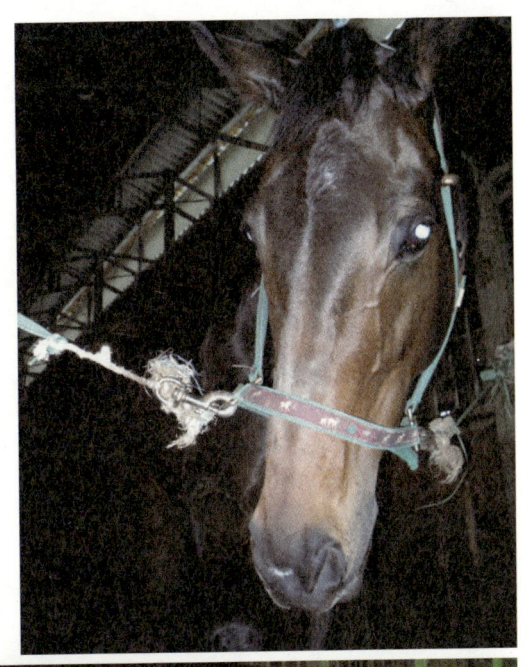

초롱이 편자 교체
하는 날

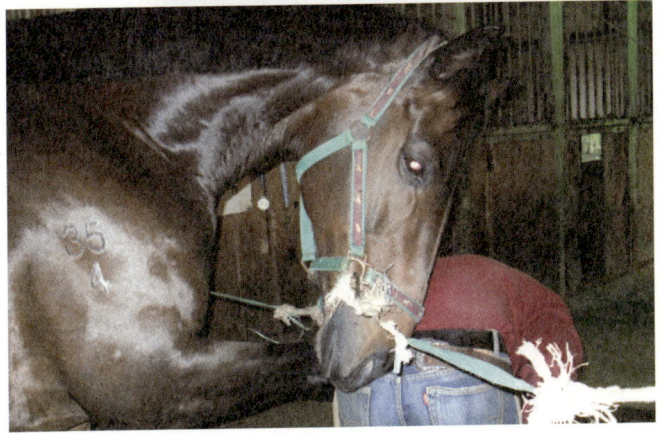

초롱이의 편자 교체

가 휘거나 갈라지면서 다리에 통증을 유발할 수 있기 때문이다.

편자를 씌우는 작업을 장제라고 하고, 장제를 하며 말발굽을 관리해 주는 사람을 장제사라고 한다. 말발굽은 사람으로 치면 손발톱이니 장제사는 말의 손발톱을 관리해 주는 사람이다. 그러나 이는 반만 맞는 말이다. 인간의 손발톱은 바짝 깎으면 살이 약간 파이고 하루 이틀 아프고 말지만 말발굽은 잘못 다듬으면 신경에 문제가 생기거나 네 다리의 높이가 맞지 않아 다리를 절게 된다. 그 정도로 심각성의 경중이 다르다. 그래서 장제는 반드시 전문 장제사에게 맡겨야 한다.

장제 과정은 대략 20분 정도 걸린다. 기존에 달고 있던 편자를 벗겨낸 뒤 말발굽을 다듬고, 1천 도 가까운 온도에서 달구어진

새 편자를 말발굽에 잘 맞는지 대본 후 편자가 약간 식으면 발바닥에 대고 꼼꼼하게 못으로 박는다. 장제가 끝난 후 최종적으로 걸을 때 균형이 맞는지, 편자의 수평이 맞는지 확인한다.

초롱이는 겁이 많고 낯가림도 있는 편이라서 편자 가는 게 쉽지 않음을 초롱이 엄마는 알고 있었다. 편자를 갈려면 뒷발을 들어야 하는데 뒷발들기는 대부분의 말들이 싫어하는 포즈다. 특히 초롱이는 다리가 불편해서 더 그렇다. 그 마음을 알기에 초롱이 엄마는 유난히 불안해하며 중심을 잡지 못하고 비틀거리는 초롱이를 늘 옆에서 지켜 주었다.

"초롱아, 괜찮아. 아프지 말라고 하는 거야. 엄마가 곁에 있으니까 우리 잘 이겨내자."

엄마가 위로하고 안아 주면서 하는 말을 초롱이는 알아채고 불안함을 점차 거두었다. 그렇게 엄마에게 의지하면서 첫 번째 편자 교체를 무사히 마쳤다.

그날 이후부터 편자를 교체하는 날이면 초롱이 곁을 지키며 정서적 지지를 아끼지 않았다. 그 덕분인지 다섯 번째 편자 교체 날에는 초롱이 혼자서 장제 과정에 씩씩하게 참여했다. 혹시 모를 비상사태에 대비해 멀리서 그 과정을 지켜보았는데 사뭇 차분해진 초롱이의 모습에 뿌듯했다. 엄마의 지지에 초롱이의 불안함도 많이 사라지고 성숙해진 것 같았다.

다섯 번째 장제를 혼자 멋지게 끝내고 마방으로 돌아온 초롱이는 언제 무서운 일이 있었냐는 듯 늘어지게 하품을 했다. 초롱이의 능청스러움에 웃었다.

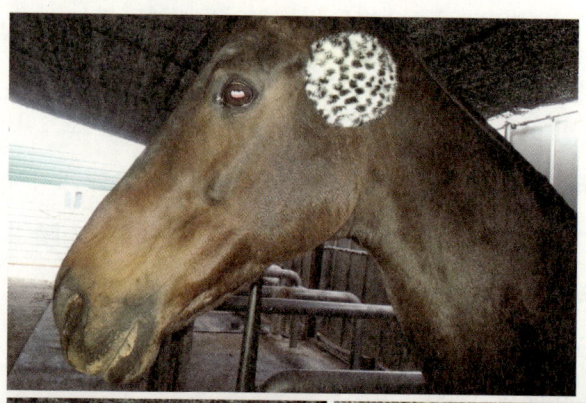

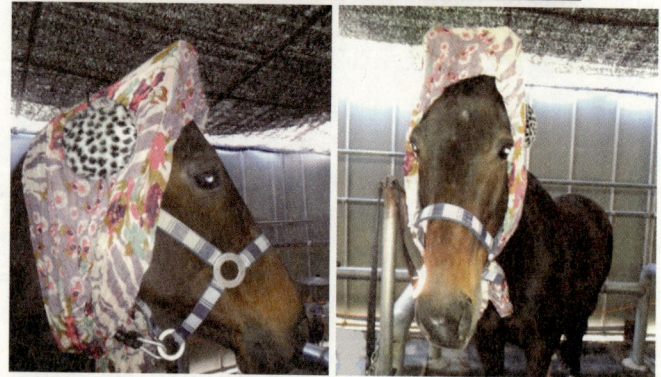

말은 소리에 민감해서 귀마개를 씌우기도 한다. 여름에는 날벌레 방지용으로도 사용한다. 그저 예쁘게 보이려고 액세서리로 이용하기도 하는데 사진 속 초롱이가 쓴 건 초롱이 엄마의 귀마개와 스카프다. 인간의 액세서리를 착용한 것이다. 말은 대부분 얼굴에 손대는 것을 싫어하는데 초롱이는 은근히 좋아했다.

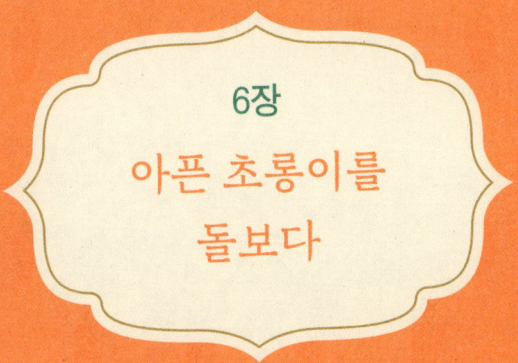

6장

아픈 초롱이를 돌보다

☀ 아픈 말을 돌보는 개, 잭

 잭은 승마장에서 사는 꼬맹이 개다. 잭은 유별나게 초롱이랑 초롱이 엄마의 물건을 가져갔다. 안경, 노트, 솔, 약 등. 가져간 물건들을 땅속에 묻기도 하고, 질겅질겅 씹어 놓기도 하는 장난꾸러기다.

 개구쟁이 잭은 초롱이 엄마를 보면 날 듯이 달려왔다. 반갑다며 배를 보여 주면서 발라당 눕기까지 했다. 그런 모습을 보면 물건을 가져가 고생시켰던 원망은 깔끔하게 사라졌다. 아픈 초롱이를 마장에 남겨 두고 갈 때면 잭에게 간식을 주면서 부탁했다.

 "잭, 나 없는 동안 초롱이 잘 부탁해."

 잭에게 아픈 초롱이를 잘 지켜 달라고 부탁했다. 그러면 잭은

초롱이 곁을 지키는 잭

마치 말을 알아들은 것처럼 꼬리를 살랑거렸다.

어느 날 이른 시간에 승마장 코치한테서 '띵동' 하고 사진이 왔다. 초롱이에게 무슨 일이 생겼는지 깜짝 놀라서 휴대폰을 들었다. 그런데 이게 뭐지? 사진 속 초롱이가 꼬리를 높이 쳐들고 있었다. 처음 보는 모습에 초롱이가 어디 아픈 걸까 싶어서 급하게 차를 몰았다.

다행히 나쁜 일은 아니었다. 일찍 출근해서 말들을 살피고 있던 코치가 잭과 초롱이가 신기해서 사진을 찍은 거라고 했다. 잭이 초롱이 방에서 자주 함께 자는 것이 신기해서 사진을 찍어서 보낸 거라고 했다. 어디 아픈 게 아니었다. 다행히 별일 아니라고 밝혀졌지만 초롱이 엄마는 걱정 반 안도감 반이 섞인 눈물을 흘렸다. 언제나 초롱이의 건강에 노심초사여서 작은 소동에도 가슴을 쓸어 내렸다.

잭은 초롱이 엄마의 부탁대로 초롱이를 밤마다 지켜주고 있었다. 그런 줄도 모르고 초롱이 물건을 잭이 자꾸 가져가서 성가시다는 생각만 했다. 그 마음이 간장 종지처럼 속 좁아 보여서 잭에게 미안하다고 용서를 빌었다. 작은 소동이 지나갔지만 알 바 없는 잭은 이른 아침에 나타난 초롱이 엄마가 반가워 또 벌러덩 누웠다. 초롱이 엄마는 그런 잭을 꼭 안아 주며 말했다.

"잭, 네 맘에 드는 거 다 가져도 돼. 정말 고마워."

☀ '어느 날 갑자기'는 아니야

초롱이가 아픈 것은 '어느 날 갑자기'가 아니다. 경주마로 태어나 훈련을 하고 뛰었던 6년의 시간과 승용마로 무리한 운동을 했던 12년의 시간 동안 이미 상당한 부상을 입은 상태였다. 또 그 부상을 방치한 채 노화가 겹치면서 질병이 악화된 것이다.

한국마사회에는 초롱이 치료 내역이 등재되어 있다. 초롱이는 1998년 뉴질랜드에서 한국에 오자마자 두 달간 심각한 전신 쇠약을 겪었다. 이때 동물병원에서 네 번의 치료를 받았다는 기록이 있다. 이듬해인 1999년에도 같은 동물병원에서 식이성 식욕부진으로 치료를 받았다. 모든 말은 사료나 건초를 바꿀 때 급하게 바꾸면 산통을 겪는다. 특히 사는 곳이 바뀌면 건초에 민감해진다. 한국마사회 경주마들은 가장 좋은 건초를 먹는다. 그런 건초를 먹다가 퇴역해서 한국마사회 밖으로 나오면 질이 떨어지는 건초를 먹게 된다. 그런데 그게 소화도 잘 안 되고, 맛이 없으니 입맛이 떨어져서 기피하고, 그러다 보면 배고파서 억지로 먹게 되고, 다시 배가 아프게 된다.

초롱이가 경주마 생활을 할 때에는 진료 내용을 일일이 기재하는 것이 의무가 아니었어서 어떤 질병을 더 앓았는지는 정확히 알 수 없다. 다만 2000년에 경주마에서 은퇴한 것을 보면 아마도 더 이상 경주를 할 수 없을 정도로 아팠을 것이다.

초롱이 엄마는 초롱이를 입양한 후 책도 보고 인터넷도 뒤지면서 말의 질환과 습성에 대해서 공부하기 시작했다. 그러다가 말에 관한 책을 여럿 출간한 승마인 케이트 박을 알게 되었고,

그를 통해 많은 것을 배웠다. 케이트 박은 초롱이 엄마에게 많은 도움과 지지를 주었다. 그의 지지가 큰 위로가 되었다. 초롱이 엄마는 그를 말 스승으로 삼았다.

케이트 박은 초롱이를 치료한 수의사 A를 알고 있었다. 탁월한 말 수의사라고 했다. 수의사 A에게 더 믿음이 갔다. 믿을 만한 수의사가 절실했던 시기에 수의사의 적극적인 치료와 관심은 초롱이와 초롱이 엄마에게는 한 줄기 빛이었다. 그는 2012년부터 4년간 초롱이를 치료했다. 그가 말했다.

"조금만 더 일찍, 제때 치료했더라면 병의 원인을 명확히 좁혀서 치료할 수 있었을 테고, 그러면 예후가 달랐을지도 모릅니다."

안타까웠다. 이전 마주들은 초롱이의 다리 질환에 큰 관심이 없거나 관심이 있어도 적극적으로 치료해 줄 의지가 없었을 것이다. 그의 초롱이 진료 소견서에는 이렇게 적혀 있었다.

> 초진 때 관찰한 초롱이 다리에 버섯처럼 피어 있는 고름과 종기들은 하루아침에 만성질환으로 거듭난 게 아닙니다. 이미 염증 증세가 심각해질 대로 심각해진 것으로 보입니다. 조금만 더 일찍, 제때 치료해 주었더라면 병의 예후가 달랐을지도 모릅니다.

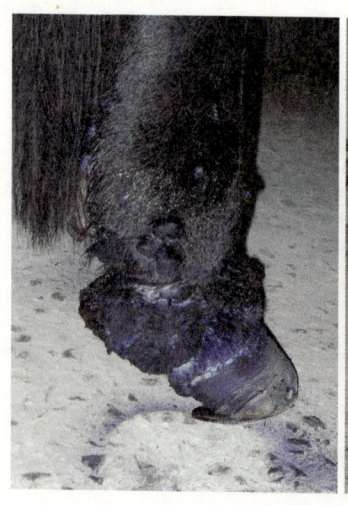 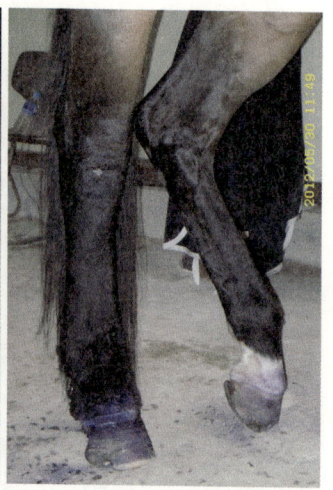

 치료할 수 있는 시기가 지나서 안타까웠지만 초롱이 엄마는 포기하지 않았다. 아픈 초롱이의 미래를 예상할 수 없는 상황이지만 어떻게든 초롱이의 고통을 줄여 주기 위해서 최선을 다하기로 마음 먹었다. 말에 대해 이제 막 이해하기 시작한 초보였지만 아픈 초롱이를 반려하기로 한 이상 건강을 위한 것이라면 무엇이든 배워 나갔다. 책을 찾아보고, 인터넷을 검색하고, 수의사를 찾아가 문의했다. 그렇게 초롱이 다리에 착 달라붙은 버섯송이와의 전투 1차전이 시작되었다.

☀ 수술하면 죽습니다

초롱이를 입양하고 바로 수술을 할 생각이었다. 초롱이가 조금이라도 더 건강한 생활을 할 수 있기를 바랐다. 그러던 중 온라인으로 수소문해 한 대학교의 마사과 교수를 만났다. 초롱이의 다리 사진을 보여 주고 수술 가능 여부를 물었다. 그 교수는 초롱이는 노령마여서 수술을 한다면 과다출혈 위험이 높다고 했다. 운 좋게 수술을 잘 마쳐도 더운 계절이어서 회복이 쉽지 않을 것이라며 거절했다. 어렵게 만났는데 도저히 수술을 포기할 수 없었다. 울며 부탁하고 간청한 끝에 기다리던 답변을 들었다.

"다른 교수와 좀 더 의논해 보고 수술해 봅시다."

수술을 해 보자는 답변을 듣고 얼마나 좋았는지 모른다. 꿈을 꾸었다. 수술을 무사히 마치고 초롱이 다리가 완치되는 꿈이었다. 수술을 위해 병원으로 갈 준비를 하고 있을 때 승마장 코치가 다른 의견도 들어보자고 제안을 했다. 국가대표급 말들을 관리하고 있는 꽤 유명한 수의사 친구가 있는데 그의 의견도 들어보고 결정하는 게 어떻겠냐는 것이었다. 괜찮은 제안이었다. 힘들게 얻어낸 수술이지만 좀 더 알아보고 수술을 결정하는 게 좋을 것 같기도 했다.

유명하다는 수의사에게 초롱이 사진을 보내고 며칠을 초조한

마음으로 기다렸다. 기다림 끝에 받은 답변은 절망이었다. 수의사는 절대 수술을 추천하지 않는다고 했다. 초롱이가 노령이어서 수술 시 출혈이 심해지면 깨어나지 못할 확률이 높다고 했다. 초롱이 나이 18살. 노령마가 맞다. 수의사는 무리하게 수술을 강행하는 것보다 지금처럼 정기적으로 주사를 맞으면서 상처 부위를 관리하는 것이 최선이라고 조심스럽게 말했다.

"수술하면 죽습니다."

수술하면 죽는다니…. 수술해 보자는 말을 듣고 희망을 품고 준비를 하고 있었는데 안 된다니! 청천벽력과도 같은 답변이었다. 잠을 이룰 수 없었다. 답 없는 질문만 꼬리에 꼬리를 물었다. 현대 과학 기술은 이렇게 발전했는데 왜 다리가 아픈 말 하나 고치지 못할까, 애초에 초롱이는 왜 제때 치료를 받지 못했을까, 초롱이와 나는 왜 이제야 만난 걸까…. 초롱이 다리도 치료해 주고 행복하게 살게 해 주겠다고 초롱이에게 다짐하며 입양했는데 오만했던 걸까. 무엇보다도 내가 지금 잘하고 있는 걸까. 질문은 꼬리에 꼬리를 물고 이어졌다.

답은 없었다. 현재 건강 상태보다 더 나빠지지 않도록 관리하는 것 외에는 해 줄 수 있는 것이 없는 현실을 받아들여야 했다. 이 현실이 초롱이 엄마를 슬프고 무력하게 만들었지만 이내 마음을 다잡았다. 초롱이를 위해 효과 있는 또 다른 치료법을 찾아 공부하는 수밖에 없었다.

☀ 초롱이 엄마의 하루

 질병은 예측을 허용하지 않는다. 초롱이 다리가 조금 좋아져서 더 많이 걸을 수 있겠다는 기대감에 부풀었다가 다음 날 다시 나빠져서 한 걸음도 내딛지 못하는 날이 내리 이어지기도 했다. 예측할 수 없이 좋아졌다 나빠졌다를 반복하는 질병의 불안정한 리듬 속에서 초롱이도 엄마도 일상이 쉽게 바스러졌다. 하지만 그럴 때마다 마음을 고쳐먹으면서 초롱이와 초롱이가 지닌 만성 진행성 림프관염, 봉와직염 등 만성질환과 동고동락했다.

 림프관염은 림프에 문제가 생기는 질환으로 림프액이 전신으로 순환되지 않아 피부 주름, 결절 및 궤양 형성이 일어나 염증 및 부종을 일으킨다. 봉와직염은 피부 아래의 피하 조직이 감염되거나 급성 염증이 발생하는 염증성 질환으로, 특히 뒷다리에 많이 나타난다. 심한 부종, 통증, 열을 동반한 빈맥, 거식증, 피부 함몰 등의 증상을 동반한다. 수의사는 초롱이가 만성 진행성 림프관염과 봉와직염을 갖고 있다고 진단했다. 긴 싸움이 기다리고 있었다.

초롱이가 머무는 승마장에는 마방을 찍는 CCTV가 있어서 떨어져 있어도 초롱이를 휴대폰으로 지켜볼 수 있었다. 하루 종일 휴대폰을 열어두고 살았다. 워낙 여러 질병을 앓고 있어서 불편한 곳이 있는지 이상 증상을 보이지는 않는지 꼼꼼하게 지켜봤다. 어느 날은 새벽에 초롱이가 벽에 기댄 채 움직이지 않아서 날이 새자마자 승마장으로 달려가기도 했다.

초롱이를 입양한 후 초롱이 엄마의 하루 일과는 거의 똑같다.

오전 6시 누군가를 돌볼 때는 언제나 아침이 가장 바쁘다. 초롱이를 돌봐야 하므로 우선 스스로를 돌봐야 한다. 초롱이를 만난 후로는 거르던 아침밥도 꼭 챙겨 먹었다. 초롱이가 있는 승마장까지는 자동차로 약 40분. 7시 전에 집을 나선다.

오전 7시 30분 초롱이 밥, 초롱이가 먹는 약, 발라야 하는 약, 찜질팩 등을 꼼꼼히 챙겨서 아침 7시 30분 전에 승마장에 도착한다. 그래야 초롱이가 운동하기 전에 밥을 두둑이 먹일 수 있다. 승마 레슨 시작 1시간 전이다. 초롱이의 환부를 살펴 운동 전에 찜질팩을 해 준다. 20~30분 정도 찜질팩을 한 뒤에 초롱이와 운동장으로 나선다.

오전 8시 30분 승마 레슨은 8시 30분에 시작한다. 다리 질환을 앓는 초롱이는 체중 관리가 필수다. 체중이 늘면 안 그래도 아픈 다리에 더 무리가 가기 때문이다. 그날의 건강 상태에 따라 함께 승마할 때도 있고, 초롱이 옆에 서서 고삐를 잡은 뒤 천천히 걷게 유도할 때도 있다. 보통 30~60분 동안 이어진다.

오전 9시 30분 승마 레슨이 끝나면 목욕 및 몸단장 시간이다. 몸을 솔질하면서 운동하다 다친 곳은 없는지 살피고, 엉킨 털도 풀어 준다. 말발굽에 이물질이 끼어 있는지 확인하면서 장제 시기를 계획한다. 버섯송이 같은 환부를 깨끗하게 소독하고 연고

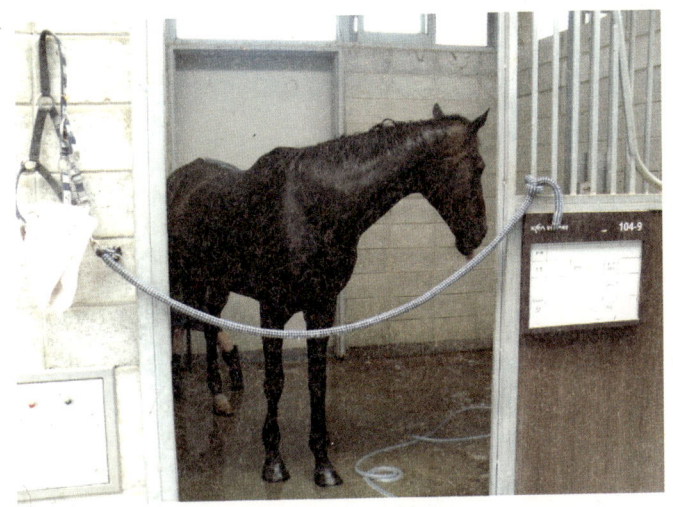

와 크림을 발라준 뒤에 붕대를 감는다. 수의사가 다리 질환은 혈액순환이 잘 되는 것이 중요하다고 했다. 붕대 위로 한 번 더 찜질팩을 하면 비로소 초롱이를 돌보는 일이 끝난다.

오전 11시 초롱이를 돌보는 일이 얼추 끝나면 먹을거리를 나눠 주러 옆 동에 사는 이웃 말들에게 간다. 한 아이라도 더 맛있고 즐겁게 식사했으면 하는 마음으로 당근을 선물한다. 수호천사라는 별명답게 아이들에게 안부를 묻고, 사랑한다고 말하고, 따뜻한 인사를 나눈다. 그런 후에야 승마장을 뒤로 하고 마침내 승마장을 나선다. 가족들과 함께 운영하는 공장으로 떠난다.

저녁 9시 회사 업무와 집안일을 마친 시간. 아직 초롱이 엄마의 일은 끝나지 않았다. 다음 날 초롱이와 친구들에게 줄 당근과 간식을 챙긴다. 그리고 초롱이의 건강 일지를 작성한다. 초롱이의 오늘 환부 상태는 어땠는지, 어떤 치료를 했는지 자세히 기록한다. 건강 일지를 쓰다가 더 좋은 약이나 치료법이 있는지 알아보려고 책을 뒤적이거나 인터넷을 검색한다. 그러다가 잠이 들면 초롱이와 꼭 껴안는 꿈을 꾼다.

☀ 퇴역 경주마에게는 너무 먼 병원

말도 사람처럼 몸이 아프면 병원에 가야 한다. 병원은 아픈 몸을 치료하는 희망적인 공간이면서 치료 과정의 고생스러움도 공존하는 역설적인 곳이다. 초롱이 치료를 위해 병원을 찾아다니면서 병원에 대한 심리적 거리는 가까워졌다 멀어졌다 하기를 반복했다.

2012년부터 2015년까지는 초롱이뿐만 아니라 초롱이 엄마도 병원에 가야 할 일이 왕왕 생겼다. 한 번은 다리를 소독하고 연고를 바르느라 초롱이 오른쪽 뒷다리 옆으로 바짝 다가갔는데 초롱이가 파리를 쫓으려 뒷발을 드는 바람에 말발굽 모서리에 눈두덩이가 찍혔다. 곧장 대형병원 응급실로 가서 찢어진 눈두덩이를 꿰매고 파상풍 주사를 맞았다. 지금도 초롱이 엄마 오른쪽 눈썹 근처에는 폭 파인 흉터가 남았다. 그런데 지나고 보니 그게 참 소중하다. 초롱이가 남겨 준 흔적이다. 그래서 흉터를 성형할 생각 없이 소중하게 '보존'하고 있다.

이 사건은 서막일 뿐 초롱이 엄마는 말들 덕분에(?) 자주 병원을 찾았다. 마방 청소 중 잠시 한눈을 팔다가 초롱이에게 밟히고, 초롱이 먹이를 부러워하는 옆방 말에게 먹이를 나눠 주려다가 팔을 물리기도 했다. 이리 밟히고 저리 차이는 데 익숙해지자 요령이 늘어 차츰 병원을 찾는 횟수가 줄었다.

초롱이도 다리가 아프니 병원에 가야 하는데 그게 쉽지 않았다. 인력도 시설도 부족했다. 다리가 아픈 초롱이가 무리하지 않고 탈 수 있는 이동 수단이 없었고, 애써서 가도 수의사를 바로 만날 수 없었다. 대부분의 말 전문 수의사는 경마장 소속이어서 경주마 치료가 1순위였기 때문이다.

초롱이는 퇴역 경주마여서 경마장 소속 병원에 가서 진료를 받을 수도, 제때 수의사를 만날 수도 없는 처지였다. 그래서 왕진을 기다려야만 했다. 진료를 받는 게 이렇게 어려우니 자기 말을 위해 보호자가 각자도생으로 24시간 돌봄 체제를 구축하는 게 최선이었다. 초롱이 엄마는 수의사의 지시 사항대로 포비

돈 용액과 스테로이드 연고를 사용해서 소독과 치료에 집중했다. 처방받은 유황 가루를 환부에 발라 피부 재생을 촉진해 보기도 했다. 부기를 빼기 위해 냉온팩 찜질도 병행했다. 병원에 갈 수 없으니 스스로 치료하고 돌보느라 24시간이 모자랐다. 그런데 그런 초롱이 엄마를 바라보는 사람들의 시선이 차가웠다.

"멀쩡한 말 사서 승마나 하지 유난 떤다."

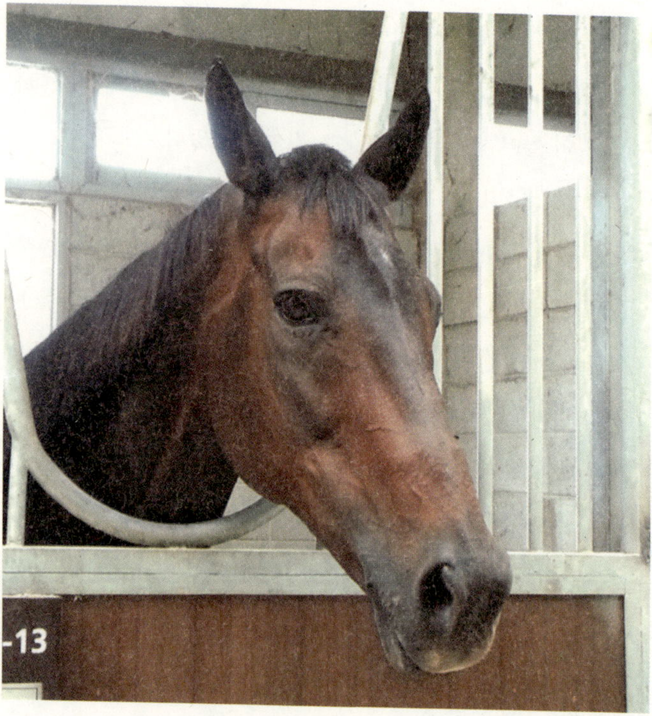

"돈이 그렇게 많으면 사람한테나 쓰지."

대놓고 험담하고 노골적으로 눈총을 주던 사람들. 그런 사람들의 시선이 초롱이 엄마의 마음을 주름지게 만들었다. 하지만 그럴수록 초롱이와 함께 더 꼿꼿하게 어깨를 펴고 승마장을 다녔다.

그래도 남들 보기에 '유난'을 떤 덕분에 초롱이는 다리가 덜 아프게 되었다. 마음이 사랑으로 가득 차는 날이 많았다. 몸도 고되고, 영영 나아지지 않을 것만 같은 마음속 웅성거림이 컸던 그 시간을 지탱해 준 것은 과학적 치료나 의학적 지식이 아니라 사랑이었다.

☀ 치료를 거부 당하다

초롱이는 승용마로 지낼 때 오른쪽 뒷다리의 만성 진행성 림프관염이 심해졌다. 만성 진행성 림프관염을 앓는 말에게는 당뇨병 관리법처럼 균형 잡힌 식단, 규칙적인 운동 등이 필요하다. 그러다 보니 초롱이 엄마는 비가 오고 태풍이 부는 여름과 눈 내리는 겨울이 싫었다. 눈비가 와서 땅이 질어지면 걸을 수 없기 때문이다. 하루라도 운동을 건너뛰는 날이면 초롱이의 아픈 뒷다리는 무섭게 부었다. 초롱이 엄마는 통증이 심해 몸 움직이기를 싫어하는 초롱이를 어르고 달래서 꾸준히 운동을 시키려 애썼다. 운동을 하면 부기가 빠지고 혹이 줄어들어 호전되는 날도 많았다.

고무적인 날은 잠시였다. 앞다리가 아프기 시작했다. 2012년 11월 뒷다리에 만성 진행성 림프관염과 봉와직염을 진단받은 지 석 달 만이었다. 뒷다리도 어설프게 땅을 디디고 있는데 앞다리마저 절룩거리기 시작한 초롱이. 게다가 앞다리에 부기와 열이 동반되어 고통이 이만저만이 아니었다. 좋아지고 있었는데 왜 이런 아픔이 또 찾아오는 걸까? 하늘을 탓할 새도 없었다. 제대로 서지도 못하기 시작했고, 먹는 것을 거부했다. 애타는 마음으로 수의사의 출장 진료 날짜를 손꼽아 기다렸다. 하필 설 연휴가 끼어 있어서 시간이 더욱 더디게 가는 것처럼 느껴졌다.

엑스레이를 찍고 혈액검사를 한 결과 초롱이의 왼쪽 앞다리에서도 질병이 발견됐다. 경주마 시절 다리를 다친 것으로 보이는데 그때 부서진 뼛조각이 아직 다리에 남아 문제를 일으켰다는 진단을 받았다. 오른쪽 앞다리 역시 초기 증식성 활막염*이

---

* 말의 관절 구조 중 일부인 활막에 염증이 발생해 크기가 비정상적으로 커지는 병. 늘 과도한 운동을 강요받는 경주마에게 자주 발견되는 질환으로 주로 앞다리에 생긴다.

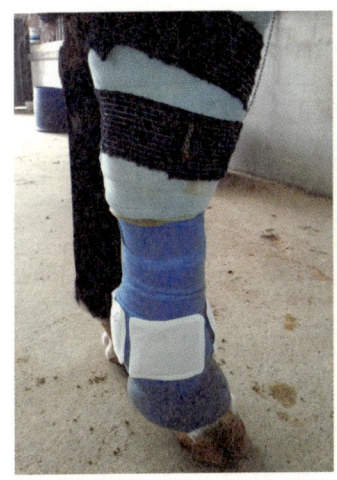 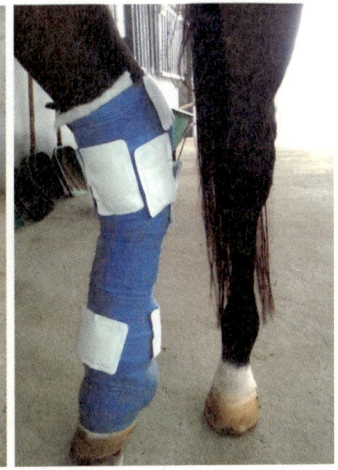

진행되고 있었다. 수의사는 수술을 권했다. 주사로 관절 내 염증을 빼내고, 소염제와 진통제 주사를 맞는 것은 일시적인 치료에 불과하다고 했다. 염증을 일으키는 혹과 뼛조각을 제거해야 근본적인 치료가 가능하다는 이유에서였다.

하지만 수술받을 수 있는 2차 병원을 찾기가 쉽지 않았다. 다리가 아픈 초롱이를 오랜 시간 말차*에 태우는 게 병을 더 키울 것만 같았다. 그래서 근처 경마공원 안에 있는 말 병원을 이용

---

* 말이 병원에 갈 때 쓰는 이동 수단. 아픈 말을 이동시킬 때에는 무진동 기능이 있는 차여야 안전하다.

말이 이동할 때 쓰는 이동 수단인 말차

하려고 했지만 병원에서 치료를 거부했다. 병원 관계자는 외부의 말이 치료받는 과정에서 경마공원 소속 말에게 전염병을 옮길 수 있어서 안 된다고 했다. 황당하고 어이가 없어서 따지고 싶었지만 치료가 시급했다. 시시비비는 나중으로 미뤘다.

일반 말과 경주마가 뭐가 달라서 이토록 차별을 하는지 이해할 수 없었다. 너무하다는 말밖에 나오지 않았다. 말은 아파도 갈 수 있는 병원이 거의 없었다. 백방으로 수소문하다가 다행히 초롱이를 치료해 주던 수의사의 적극적인 도움으로 전북에 있는 말 병원에서 입원 및 수술이 가능하다는 소식을 들었다. 가슴을 쓸어내렸다.

2013년 6월 11일. 경남에서 전북까지 2시간 30분의 여정 끝에 초롱이는 '마침내' 병원에 입원했다. 초롱이를 무사히 입원시켜 다행이라는 마음에 안도했다. 하지만 대부분의 말들이 병원 문턱을 구경도 하지 못하고 치료도 받아 보지 못한 채 죽어가는 게 현실이다. 거주 지역 내 한국마사회 병원에서 일반 말들을 받아 주기만 해도 많은 말이 살 수 있을 것이다. 살 수 있는 말들이 병원을 찾아서 헤매다가 차 안에서 죽는 가슴 아픈 일이 벌어지고 있다. 병원 문턱에도 가보지 못하고 덧없이 떠나야 하는 말들의 삶이, 그 짧은 생이 서글프다.

☀ 너무 늦은 것은 없습니다

산 넘고 물 건너 어렵사리 찾아간 말 병원. 초롱이 다리에 관절경을 넣어 건강 문제의 원흉인 뼛조각과 혹을 떼어낼 계획이었다. 그런데 또 수술을 거부당했다.

"좀 더 일찍 왔어야 했습니다."

담당 수의사는 이 말로 설명을 시작했다. 조직검사 결과를 보면 초롱이의 다리 근육은 관절경을 삽입할 수 없을 정도로 부었거나 손실되어 있다고 했다. 수술은 불가능하며 강행하더라도 큰 의미가 없다고 덧붙였다. 수술은 불가능하고, 치료를 할 건지 결정하라고 했다.

"선생님, 결정이라니요? 아픈데 당연히 치료해야죠."

"치료 목적이 무엇인지요? 승마가 목적인 건가요? 초롱이는 더 이상 사람을 태울 수 없는 상태이니 치료해도 승마를 하지 못한다는 말씀을 드리는 겁니다. 말이 못 뛰게 될 수도 있는데 괜찮으신가요?"

"뛰지 못해도 괜찮습니다. 타려고 초롱이 입양한 거 아니에요. 그냥 걸을 수만 있으면 돼요. 건강을 위해 30분 정도라도 걸을 수 있게 회복했으면 합니다."

그러자 수의사는 편한 마음으로 치료할 수 있겠다고 했다. 사람이라면 적어도 다리가 부러졌을 때 "다리를 붙게 만들어 드릴까요?"라고 환자에게 묻지 않을 것이다. 같은 생명인데 인간과 말이 어떻게 이렇게 다를 수 있는지 놀라웠다.

수의사는 자가혈치료술platelet-rich plasma을 추천했다. 이 치료법은 초롱이에게서 건강한 혈액을 채취해서 원심분리기로 혈소판을 분리한 뒤 농축된 혈소판을 다시 다리에 주사하는 것이다. 과도한 염증 반응은 억제하고 자가 치유를 유도하는 치료술이다. 최소 두어 달은 걸리는 일정이라는 말에 초롱이 엄마는 마음을 단단히 먹었다. 긴 치료를 시작해야 했기 때문이다.

초롱이를 입양한 날부터 초롱이가 퇴원할 때까지 4개월 넘게 초롱이 엄마는 매주 왕복 6시간이 걸리는 경남과 전북을 오갔다. 장거리 운전과 장거리 돌봄은 체력과 노동력이 배는 더 들어가는 일이었다.

하지만 초롱이 엄마를 더 힘들게 한 것은 주변 사람들이었다. 너무 늦지 않았냐는 사람, 사람도 못 태우는 '똥말'한테 유난 떤다며 비웃는 사람, 수술해도 못 뛰어다니니까 처분하라고 강하게 말하는 생면부지의 사람, 나이가 들고 아픈 아이들은 일찍 보내 주는 것도 나쁜 일이 아니라며 위로를 가장해 불필요한 조언을 하는 사람. 그들은 하나같이 초롱이 엄마에게 입 모아 이렇게 말하는 것 같았다. 너무 늦었다고.

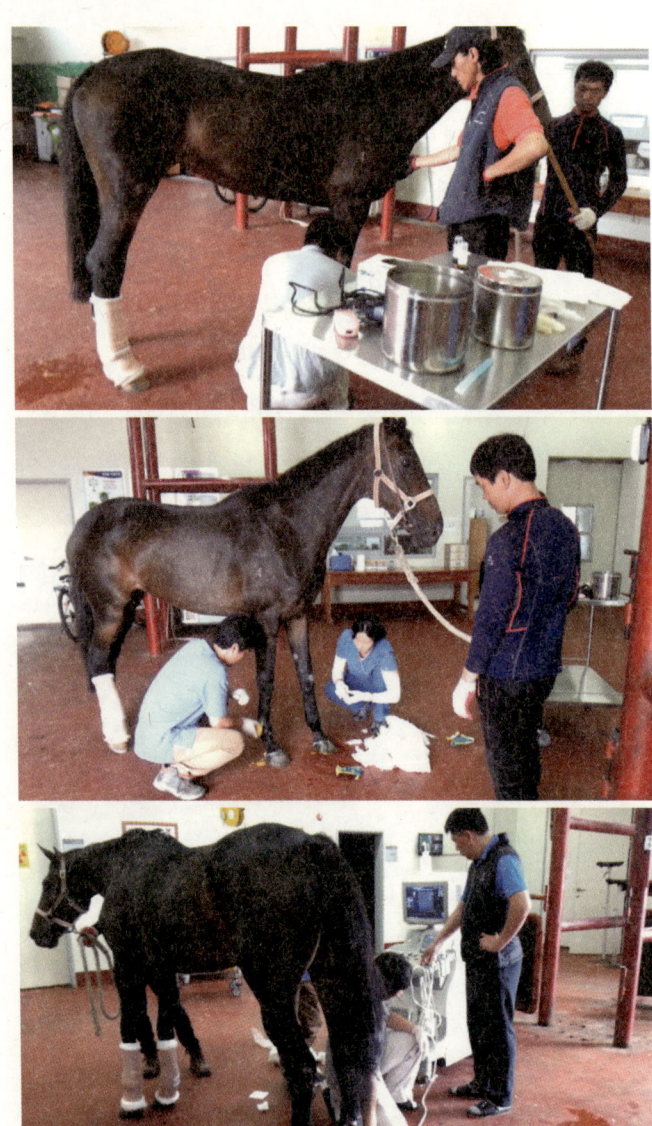

입원한 병원의 담당 조련사와 수의사는 초롱이를 진심으로 보살펴 주었다.

사람들이 내뱉은 많은 말에는 숨겨진 의도가 있다. 사람들은 자기가 하고 싶은 말을 숨긴 채 무작정 너무 늦었다고, 조언이 필요하지 않은 사람에게 충고했다. 도대체 '누구에게, 왜, 무엇이, 얼마나' 늦었다는 것일까. 그저 자기 논리를 위해 갖다 붙인 잔인한 말, 말….

심지어 초롱이가 시술을 받고 있는 도중에 갑자기 끼어들어 수술해도 못 뛰어다니니까 처분하라고 단호한 어조로 말한 의료진도 있었다. 아픈 말이 새로 병원에 들어왔으니 많은 의료진이 모였는데 초롱이 엄마가 지켜보고 있다는 사실을 알면서도 더 들으라는 듯이 자기들끼리 떠들며 말했다. 듣고 싶지 않았다. 속으로 욕을 왕창 해 줬다.

하지만 그런 건 중요하지 않았다. 중요한 건 입원한 초롱이의 건강이었다. 그나마 매주 초롱이를 만나러 그 먼 길을 찾아가서인지 의료진들의 시선이 조금씩 좋아졌다. 초롱이가 마방에서 일어나서 놀고 있다고 전화도 해 줬다. 초롱이 귀에 전화기를 대 줘서 엄마와 통화도 할 수 있게 해 준 조련사도 있었다.

초롱이와 엄마는 초롱이가 아팠을 때 만났다. 늦게 만났으니 늦게 치료를 받는 것이 뭐가 그리 문제인가. 사람들에게 이렇게 말해 주고 싶었다.

"저와 초롱이에게는 무엇도 너무 늦은 것은 없습니다."

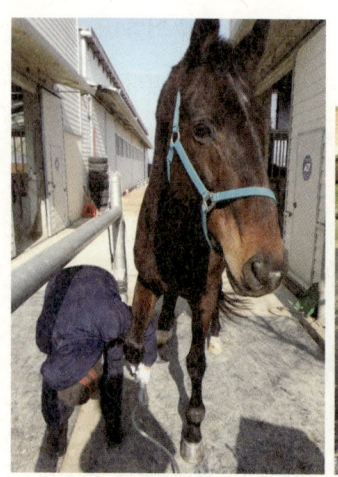

☀ 늙고 아픈 말을 걱정해 주는 사람들

 치료를 받은 말 병원에서 퇴원하고 다른 승마장으로 이사를 한 후에도 초롱이의 질환은 이어졌다. 어느 날은 뒷다리가 코끼리 다리만큼 부었다가 또 다른 날에는 앞다리 뼈가 O자 모양으로 굽어질 만큼 관절염이 심해져 다리를 딛지도 못했다. 어떻게든 초롱이의 통증을 덜어 주고 싶어서 갖은 방법을 총동원했다. 나아지길 바랐지만 노령마이자 환마인 초롱이에게는 시간이 갈수록 또 다른 병이 추가되었다. 그때마다 절망, 후회, 자책이 이어졌다.

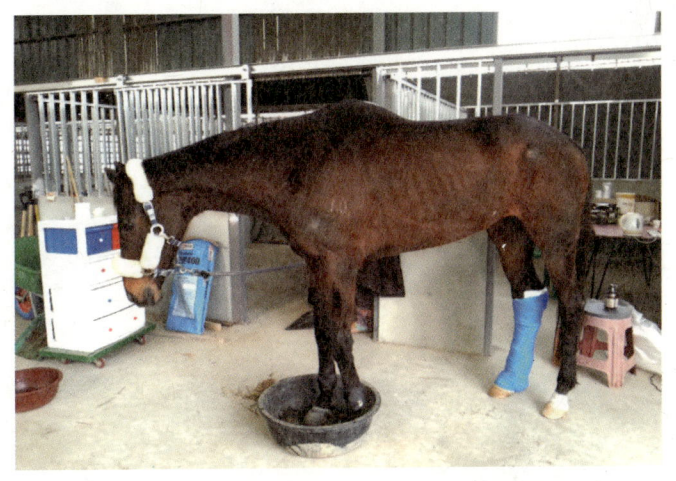

 그럼에도 불구하고 마음을 다잡고 돌봄을 이어갈 수 있었던 건 많은 사람들의 응원 덕분이었다. 다리 감염을 막기 위해 "허벅지까지 길게 올라오는 장화를 초롱이에게 신기고 싶다"는 초롱이 엄마의 말을 기억하고 제품 사진을 찾아 보내 준 이웃 회원, 초롱이가 조금이라도 덜 고통스럽기를 바라며 함께 머리를 맞대고 방법을 모색해 준 블로그 이웃들, 오랜 시간 초롱이를 보살피고 치료해 준 수의사…. 말을 위한 의료 체계가 총체적으로 부실한 상황에서 비빌 언덕은 선량한 이웃들뿐이었다.

 초롱이를 응원하는 아이도 있었다. 승마장으로 운동을 하러 오는 초등학생이었다. 조용히 운동만 하고 사람들과 데면데면

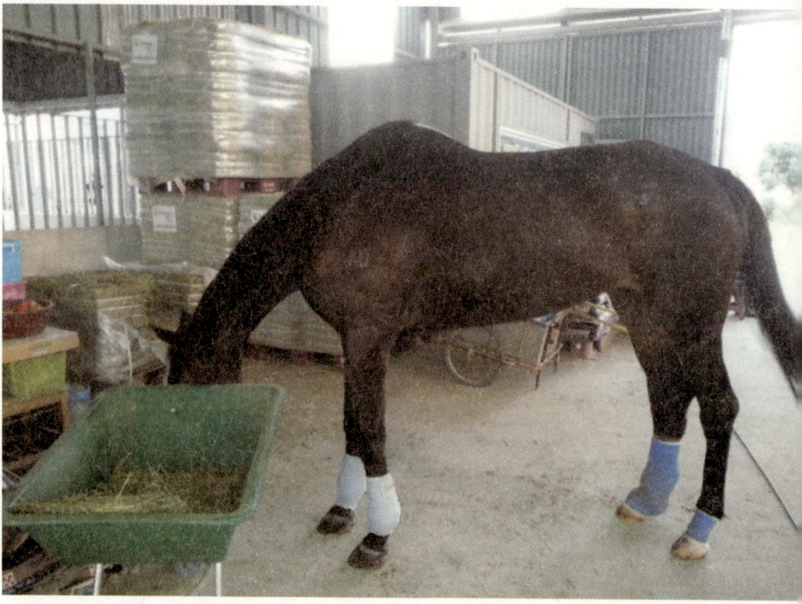

지냈는데 초롱이에게는 유난히 다정하고 친절했다. 아이는 초롱이를 '초롱이 언니'라고 불렀다. 초롱이가 스무 살이 넘었으니 언니가 맞다면서 초롱이를 만날 때면 "초롱이 언니!"라고 부르면서 사랑과 존중을 담아서 대했다. 어느 날 초롱이 엄마에게 그 아이가 자신의 다짐을 전했다.

"이모, 나는 수의사가 될 거예요. 말 수의사요."

초롱이를 쓰다듬으면서 이야기 나누기를 좋아했던 아이는 초롱이를 많이 사랑해 준 고마운 존재다.

매일 아침 초롱이를 만나러 승마장으로 갈 때마다 상태가 어떨지 불안하고 걱정스러웠다. 하지만 많은 사람들의 관심과 사랑 덕분에 질병의 불안정성을 받아들이면서 돌봄을 이어갈 수 있었다.

☀ 초롱이의 선풍기 사랑

그간 초롱이가 지내던 여러 승마장 천장에는 대부분 선풍기가 달려 있었다. 하지만 낡아서 소리만 크지 효과는 별로 없었다. 여름날의 마방에 선풍기가 꼭 필요한 이유는 선풍기 바람이 기온을 낮춰서이기도 하지만 파리와 모기가 덜 붙기 때문이다.

하지만 승마장은 비용 때문에 선풍기를 잘 교체해 주지 않는다. 그래서 어느 해에는 회원들이 개별로 선풍기를 사서 달았다. 초롱이 엄마도 선풍기를 사서 마방 앞에 달아 주었다. 처음 선풍기를 달아 주었을 때 초롱이가 정말 좋아했다. 선풍기 바람을 즐기면서 초롱이가 빙긋 웃기도 했다.

초롱이가 마지막으로 병원에 입원했을 때 수십 년 만의 무더위라고 난리가 났다. 그때 초롱이가 입원한 방에 선풍기가 없었다. 이렇게 더운데 큰일 나겠다 싶었다. 사용하지 않던 선풍기가 있어서 병원으로 들고 와서 전기 콘센트에 꽂으려고 할 때였

다. 등 뒤로 초롱이의 미소가 보였다. 시원한 바람이 나올 거라고 예상한 모양이었다. 엉덩이를 선풍기 쪽으로 돌리며 '씨익' 웃더니 바로 엄마를 쳐다봤다. 엄마가 선풍기 가져온 걸 다 안다는 의미였다.

7장

22살의 삶을 마치다

☀ 세상이 멈췄다

초롱이는 병원에서 퇴원한 후 건강이 좋아졌다 나빠졌다를 반복했다. 다행히 2015년 10월 6일 21번째 생일을 무사히 넘겼다. 엄마는 여느 때처럼 초롱이의 생일을 축하하고 행복을 빌었다. 사이좋게 고깔모자를 쓰고 생일 사진도 찍었다.

이 사진이 마지막 생일 사진이 될 줄은 몰랐다. 초롱이는 2016년 봄부터 음식을 거부하기 시작하더니 몸무게가 420킬로그램이 되었다. 말의 평균 몸무게는 500킬로그램 이상이다. 초롱이의 평균 몸무게는 480킬로그램인데 60킬로그램이나 빠진 것이다. 가뜩이나 마른 편이었는데 살이 더 빠져서 심각한 저체중 상태가 되었다. 게다가 척추와 이어지는 몸의 뒷부분(후구)

이 틀어져서 3년 전 입원했던 말 병원에 다시 입원해야 했다.

당시 초롱이가 머물던 승마장에는 마방을 볼 수 있는 CCTV가 있었다. 새벽에 마방을 보고 있는데 초롱이가 한쪽 벽에 기댄 채 움직임 없이 가만히 서 있었다. 날이 밝자마자 달려갔는데 벽에 바짝 기댄 채로 엄마를 반기고 있었다. 마방에 들어가니 휘청하면서 제대로 서지도 못했다. 빨리 병원에 가야 하는데 초롱이는 몸이 휘어진 채로 균형을 못 잡아서 말차에 탈 수조차 없었다. 뱅글뱅글 돌다가 주저앉으려고만 했다. 기사님, 장제사님 등 많은 사람들의 도움을 받아서 사투 끝에 말차에 겨우 태웠다. 초롱이가 이동하는 동안 쓰러지지 않도록 파이프에 이불을 둘둘 말아서 고정시킨 후 병원으로 향했다.

3년 전처럼 병원을 오가며 장거리 돌봄을 다시 시작했다. 그때와 달라진 점이 있다면 초롱이 엄마의 건강 상태가 좋지 않다는 것이었다. 중한 병이 생겨서 치료 중인 상태였다. 병으로 시력까지 나빠져서 초롱이를 만나러 병원에 혼자 갈 수조차 없었다. 갈 때마다 남편이나 아들이 운전을 대신해 주었다. 도움을 받아야 초롱이를 보러 갈 수 있는 상황이었다.

다행히 초롱이는 치료와 보살핌이 효과가 있었는지 틀어지고 있던 몸의 뒷부분이 고맙게도 빨리 회복되었다. 문제는 몸무게였다. 계속되는 염증 반응 때문인지 몸무게가 380킬로그램까지

내려갔다. 근력도 부족했다. 누워 있는 시간이 길어지고, 일어서는 것 자체가 어려운 상태였다. 체중 감소의 원인을 찾고 싶었지만 끝내 원인을 찾아내지 못했다. 마음만 바싹바싹 타들어가고 시간은 속절없이 흘렀다.

2016년 9월 21일 밤. 병원에서 전화가 왔다.

"오늘 오후에 초롱이가 치료하는 도중에 쓰러졌어요. 갈비뼈가 골절된 것 같습니다. 골절이 의심되어서 곧장 엑스레이를 찍었는데 확실하게 보이지 않네요. 내일 다시 촬영해 보겠습니다."

골절이라니. 믿을 수 없었다. 당장 병원으로 가겠다고 말하자 그 정도로 위험한 건 아니니 내일 천천히 오라며 안심시켰다. 당장 병원으로 달려가고 싶었지만 갑자기 나빠진 시력으로 장거리 야간 운전을 하는 건 위험했다. 고집을 부려 야간 운전을 한다면 가족들에게 걱정만 안기는 일이었다. 이러지도 저러지도 못하고 뜬눈으로 밤을 세웠다. 빨리 아침이 와달라고 기도하는 수밖에 없었.

다음 날 아침 6시 20분. 가족들이 출근하는 것을 확인하고 바로 차를 운전해 초롱이가 있는 병원으로 향했다. 가는 길이 유독 멀게 느껴졌다. 걱정과 불안으로 쿵쾅거리는 가슴을 다독이며 액셀을 세게 밟았다. 운전을 시작하고 한 시간쯤 지났을까 수의사에게서 전화가 왔다.

"초롱이 어머니, 초롱이가 오늘 새벽 4시 30분에 세상을 떠났습니다."

그 한마디에 세상이 멈췄다. 뭐라고 대화했는지 기억도 나지 않는다. 빨리 가겠다고 대답하고 끊은 것 같은데 눈물이 멈추지 않아 운전을 할 수가 없었다. 갓길에 차를 세우고 울고 또 울었다. 다시 운전대를 잡고 움직이기 시작했는데 방향을 잘못 들어 초롱이 병원이 있는 곳이 아니라 대전으로 가고 있었다.

한참을 돌고 돌아 병원에 도착했다. 초롱이를 부르며 마방으로 달려갔는데 초롱이가 없었다. 초롱이의 꼬리털만 한 움큼 남아 있었다. 사람이 느낄 수 있는 슬픔의 총량이 정해져 있다면 초롱이 엄마는 그날 그 슬픔을 다 느꼈다. 마지막으로 엄마를 보고 싶었던 초롱이의 마음, 그 곁을 지키지 못했다는 슬픔, 후회 그리고 죄책감까지. 몸과 마음이 슬픔으로 불타는 듯, 숨을 들이쉬고 내쉴 때마다 눈물이 쏟아졌다.

☀ 아프지 않은 곳에서 기다려 줘

초롱이는 마방에서 화장장으로 옮겨져 있었다. 조용히 눈을 감고 누워 있는 초롱이를 껴안고 울고 또 울었다. 하염없이 울다가 떠 온 깨끗한 물에 수건을 적셔 초롱이를 닦았다. 그리고 다시 껴안고 울다가 또 닦고 쓰다듬기를 반복했다. 화장 시간이 늦은 밤 시간이어서 초롱이와 오래 함께 있을 수 있었다. 초롱이 엄마는 차갑게 식은 초롱이의 큰 몸을 꼭 껴안고 못 다한 이야기를 나누었다.

어느새 해가 지고 초롱이를 보낼 시간이 다가왔다. 화장로에 들여보내기 전에 부드러운 솜이불을 깔아 달라고 부탁했다. 경주마로, 또 승용마로 오랜 시간 고생했던 초롱이가 이승을 떠나는 길만큼은 아늑하고 편안하기를 바랐다. 마지막으로 초롱이 위에 염주와 초롱이 엄마 사진을 놓았다.

"초롱아, 엄마는 너를 보내는 게 아니야. 절대 보내는 게 아니고 그냥 초롱이가 조금 먼저 가 있는 것뿐이야. 여기서는 네가 너무 많이 아팠으니까 아프지 않은 곳에 먼저 가서 엄마를 기다리고 있어 줘. 엄마가 금방 너를 찾아갈 거야."

서서히 화장로로 미끄러져 들어가는 초롱이를 끝까지 지켜보았다. 그렇게 초롱이는 고단했던 이승에서의 삶을 마쳤다.

다음 날 초롱이 유골을 가지러 다시 병원에 갔다. 그런데 잠시 집에 다녀온 사이 초롱이를 봐 주던 수의사가 다녀갔다. 초롱이를 아끼고 사랑했던 수의사. 떠나는 초롱이에게 인사를 하기 위해서 바쁜 일정을 미루고 멀리서 와 주었다. 그는 초롱이의

유골함을 고운 보자기로 곱게 싸놓고 떠났다. 초롱이의 죽음을 함께 애도하고, 기억해 주는 이가 있다는 사실이 큰 위로였고 감사였다.

☀ 초롱이의 집, 초롱이의 마당

초롱이를 떠나보낸 그해 가을, 정신없이 바빴다. 초롱이를 어떻게 애도하고 기릴지 고민하다가 수목장을 택했다. 수목원을 알아보고, 제사를 지내고, 유품을 정리하고, 수목장에 초롱이 나무를 심었다.

초롱이를 위한 집을 준비 중이었다. 그런데 초롱이가 갑자기 떠나게 되어 필요 없게 된 땅도 처리해야 했다. 입양 초기에는 초롱이를 승마장에서 데리고 나와 같은 집에서 살 수 있다는 상상을 하지 못했다. 당연히 말은 승마장에서 사는 거라고 알고 있었다. 하지만 시간이 흘러 초롱이가 많이 아프자 곁에서 돌봐주고 싶었다. 그러려면 승마장에서 데리고 나와야 했는데 그 용기를 내기가 쉽지 않았다.

말을 집에서 돌볼 때 가장 두려운 것은 갑자기 아파서 응급 처치가 필요할 때다. 말은 쓰러져서 계속 누워 있으면 창자가 꼬

여서 죽는다. 많은 사람이 달려들어 어떻게 해서든 일으켜 세워야 살 수 있다. 말 덩치가 크다 보니 혼자서는 당연히 안 되고 가족들의 힘을 빌린다고 해도 일으킬 수 있을지 자신이 없었다. 초롱이와 함께 살고 싶으면서도 혹시 집에서 잘못될까 봐 계속 미뤘다. 초롱이를 보내고 가장 후회가 되는 것은 그 두려움 때문에 승마장에서 데리고 나오지 못한 것이다.

사실 시간이 흐르면서 집에서도 초롱이를 돌볼 수 있겠다는 자신감이 생겼더랬다. 말이랑 좀 지내 봤다고 마치 말년 병장처럼 근거없는 자신감이 생겼다. 초롱이는 다리가 아파서 공간이 아주 많이 필요하지 않으니까 어느 정도의 땅만 준비하면 함께 살 수 있을 것 같았다. 하루 종일 곁에서 초롱이를 돌봐줄 수 있으면 얼마나 좋을까. 어렵게 생각해서 그렇지 쉽게 생각하니 할 수도 있을 것 같았다. 초롱이가 걸어다닐 수 있는 적당한 마당이 있고, 초롱이가 먹을 사료나 건초를 나를 수 있는 트럭이 있고, 똥 치우는 걸 도와줄 가족이 있으면 못할 것도 없다 싶었다.

초롱이가 두 번째로 병원에 입원한 날 용기를 내서 남편에게 말했다. 시골에 집을 마련해서 초롱이를 돌봐야겠다고. 고맙게도 남편이 동의해 줘서 초롱이가 머물 공간을 알아보러 다녔다. 운 좋게 마음에 드는 곳이 있었다. 심지어 수의사가 금방 올 수

있는 위치여서 금상첨화였다.

그런데 초롱이가 갑자기 떠났다. 너무 늦었다. 직접 돌보려고 땅을 샀는데 의미가 없어져 버렸다. 늦은 후회가 밀물처럼 밀려왔다. 조금 더 일찍 용기를 냈더라면, 조금 더 지혜로웠다면 초롱이가 편안하게 쉬다가 갔을 텐데 후회가 되었다.

말은 굉장한 사색가다. 풀을 따라 무심하게 어슬렁어슬렁 걷다가 하늘을 보다가 또 멈춰서서 산을 보면서 깊은 생각에 잠기곤 한다. 그 맑은 눈으로 무엇을 그리 바라보는지 궁금했다. 도시에

서는 말과 한 집에서 사는 게 어렵지만 시골은 가능했었는데 그걸 놓쳤다. 초롱이와 조용한 곳에서 함께 사색하며 살고 싶었다.

☀ 소중하고 귀한 나의 초롱이

그렇게 정신없이 지내다가 어떤 날은 초롱이가 떠났다는 걸 잊은 사람처럼 초롱이에게 여러 장의 편지를 썼다.

7장 22살의 삶을 마치다

병원에 있던 초롱이와 찍은 사진이 마지막이 되었다.

"귀하고 소중한 나의 초롱아. 잘 지내고 있으렴. 엄마가 꼭 너 찾으러 갈게. 그동안 외롭게 좁은 마방에서 나를 기다렸지만 그곳에서는 기다리지 말고 자유롭게 예쁘게 친구들이랑 놀고 있어. 친구들하고 뛰놀다가 문득 저쪽에 엄마가 보이거든 득달같이 달려와서 안겨 줘. 사랑해 초롱아. 나의 초롱아 사랑해."

"초롱아, 롱아. 나의 소중한 아가야. 오늘은 너 구충제 먹는 날이었어. 달력에 '초롱이 구충제 먹는 날' 하고 동그라미로 표시되어 있더라. … 구충제를 꾸욱 입속에 넣어 주면 눈을 동그랗게 뜨고서 나를 빤히 바라보던 네 모습이 떠올라서 아침부터 울다가 웃었어. 구충제를 삼키지 않고 입속에 담고 있다가 볼을 동그랗게 만들고는 묘한 표정으로 나를 계속 바라보던 너를 보며 배를 잡고 웃었지.

네가 고개를 숙여 내 코앞까지 얼굴을 들이대고 뚫어져라 바라보곤 했잖아. 솔직히 속으로는 어~ 어~ 하고 좀 놀랐단다. 네가 뭔가 아는 것처럼 빙긋 웃으면서 너무 바싹 얼굴을 가져다 댔으니까. 너는 그런 내가 재밌어 보인다는 표정을 지었었지.

너는 내 마음을 다 아는 것 같았어. 그러다가 내가 너를 꼭 껴안으면 너도 내 어깨에 머리를 살며시 대고 가만히 서로의 숨소리를 들었지. 그러고 보니 우리 서로 참 많이 꼭 껴안아 줬었구나. 매일

매일 참 많이도 껴안고 있었어. 그치? 아프고 힘들었을 네가 내게 참 많은 시간을 빌려 주어서 고맙고 미안하다.

사랑한다. 우리 초롱이. 엄마가 꼭 너 만나러 갈게. 정말 많이 사랑해, 우리 아가."

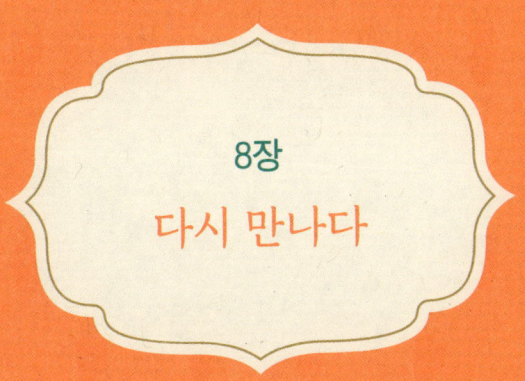

8장

다시 만나다

☀ 2년 만에 승마장으로

초롱이가 너무 보고 싶은 날에는 초롱이가 잠들어 있는 수목장으로 향했다. 묘에 심은 나무가 쑥쑥 커가는 걸 볼 때면 초롱이의 빈자리가 유난히 크게 느껴졌다. 초롱이의 체온과 더운 숨을 나눌 수 없다는 상실감, 그리움, 초롱이에게 해 주고 싶었던 말과 행동들이 여전히 마음속에서 뱅글뱅글 돌다가 슬픔과 죄책감의 파도가 밀려올 때면 그저 그 파도에 몸을 맡겼다.

하지만 슬픔은 잠시뿐이다. 가만히 눈을 감으면 초롱이는 언제고 엄마에게 달려왔다. 반가울 때 내는 '클클' 소리를 내며 엄마 쪽으로 다정하게 머리를 쓰윽 대고 문댔다. 초롱이와 보냈던 사랑의 계절들은 엄마의 삶에서 꺼지지 않는 온기로 남았다.

초롱이를 떠나보내고 2년이 지난 후 초롱이 엄마의 승마장 일상이 다시 시작되었다. 여전히 당근을 바리바리 챙겨서 승마장에 가고, 간식 수호천사의 활동도 이어갔다. 마장의 끝과 끝을 몇 번씩 왕복하며 여러 말을 돌봤다. 그렇게 시간을 보낼 때면 어떤 시간은 초롱이가 떠났던 그해 가을에 멈춰 있는 것만 같았다.

승마장에 다시 올 결심을 하기까지는 오랜 시간이 걸렸다. 초롱이를 떠나보낸 뒤, 어디를 가도, 무엇을 봐도 초롱이가 떠올랐다. 그 슬픔과 상실감에 휩쓸려 하얗게 재가 되지 않고는 못 배길 것 같은 날들이 길게 이어졌다. 죽음 너머에는 분명 초롱이가 있을 거라고 생각했다. 반드시 초롱이를 만날 수 있을 거라고 믿었다. 그래서 어떤 순간은 죽기 위해 오늘을 사는 것 같았다.

위태롭게 침잠하던 일상이 지속되던 때 승마장 동료 회원에게서 연락이 왔다. 초롱이와 초롱이 엄마 사이의 깊은 유대감을 잘 이해하고 있는 분이었다. 그는 위로의 마음을 건네며 다시 승마장에 오라고 설득했다. 하지만 그건 불가능했다. 초롱이와의 이별 후 더는 말과의 인연을 만들지 않을 거라고 결심했기 때문이다.

"초롱이 엄마, 자꾸 울고만 있으면 초롱이도 엄마 걱정되어서 좋은 곳으로 못 가요. 초롱이 엄마가 괜찮아져야 초롱이도 마음 놓고 좋은 곳 가지요."

그러면서 코드가 아직 잘 지내고 있다는 말을 전했다. 코드가 초롱이 엄마를 기억할 수 있으니 한 번 와서 만나 보라고 했다. 말 때문에 생긴 병은 말과 함께해야 나을 거라고도 했다. 끊임없이 위로해 준 회원 덕분에 다시 승마장을 찾았다.

☀ 어리바리한 어린 말 코드

코드가 있다는 승마장은 집에서 아주 가까운 곳이었다. 초롱이가 1년 정도 살았던 곳이기도 했다. 그곳에 가니 정말 코드가 있었다. 추억이 깃든 장소에 가니 초롱이가 살아 있던 때로 돌아간 기분이 들었다.

코드와 초롱이는 2014년 봄, 같은 승마장에서 잠시 함께 생활했다. 이른 아침 승마장에 가면 늘 코드가 있었다. 그때 코드는 5살 어린 말이었다. 상황 파악이 잘 안 되는 것 같은 맑은 눈을 깜빡이던 순진한 코드가 가여워서 초롱이 엄마는 종종 어리바리라고 불렀다. 당시 코드의 사진을 보면 유치원에 와서 사방을 낯설게 바라보며 마치 엄마를 찾는 듯한 모습이었다. 많이 먹고

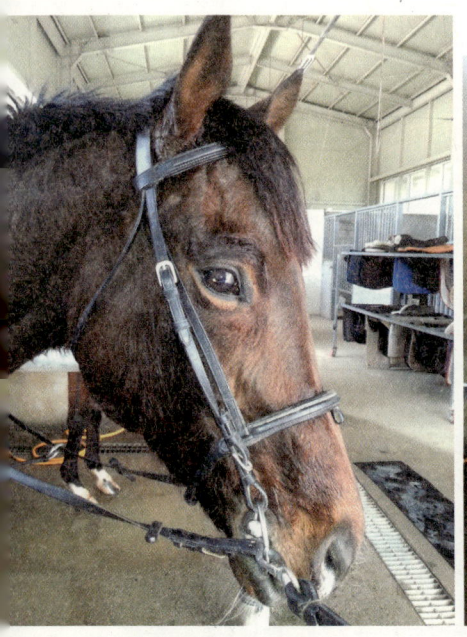
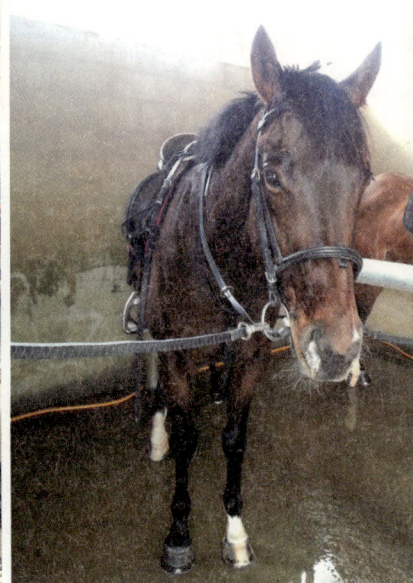

5살 어린 말이었던 코드의 모습

쑥쑥 클 때인데도 왠지 주눅이 들어 보이고, 비쩍 마르고 눈만 댕그랗었다.

당시 승마장 사장은 밥도 제대로 못 먹고 방치되어 있는 코드가 순해 보이고 가격이 싸서 샀다고 했다. '싸서 샀다'는 코드의 사연을 듣고 마음이 아파서 코드에게는 당근을 더 많이 챙겨 주었다. 서너 달은 함께 운동도 했다.

어린 나이에 낯선 승마장 생활에 적응하기 어려웠을 텐데 코드는 늘 선한 눈으로 세상을 관찰하고 배우려 노력했다. 알고 보니 호기심이 넘치는 성향이기도 했다. 옆에 있던 말이 달리면 같이 달리고, 멈추면 또 같이 멈추는 아이였다. 다른 말과 이런 엉뚱하고 발랄한 교류를 하다니! 새로운 환경에서 나름대로 자신의 세계를 넓혀 가던 코드의 노력을 응원해 주고 싶었다.

코드의 성장을 응원하고 유독 챙긴 이유에는 가슴 아픈 사연이 있었다. 이상하게도 사람들은 운동하면서 어린 코드를 자꾸 채찍으로 때렸다. 코드는 자주 맞다 보니 채찍이 겁이 나는지 사람들이 요구하는 대로 하고 있었다. 사람과 말이 협조하면서 하는 운동이 아니었다. 코드는 두려움이 가득한 상태로 승마장을 돌았다. 사람들이 코드의 순한 성격을 이용하는 것 같았다. 그래서 늘 염려스러운 마음으로 코드를 지켜봤다.

당시 초롱이 엄마는 초롱이와 코드 두 아이에게 늘 이해를 부탁했다. 코드랑 운동한 후에는 초롱이에게 말했다.

"초롱아, 엄마가 꼬맹이 코드랑 잠깐 운동했어. 이해해 줘. 미안해, 초롱아."

코드에게는 초롱이를 부탁했다.

"코드야. 초롱이 누나는 다리가 좀 아파. 그래서 쉬고 있는 거야. 네가 잘 보호해 줘."

그런데 얼마 지나지 않아 코드와 이별하게 되었다. 초롱이를 다른 승마장으로 옮기게 되었기 때문이다. 그후 코드의 소식을 듣지 못했다.

☀ 식탐 많은 건 여전하구나

2018년 여름, 동료 회원 덕분에 초롱이 엄마는 잊고 있었던 코드를 4년 만에 다시 만났다. 코드는 여전했다. 따뜻한 눈빛과 다정한 몸짓으로 오랜만에 만나는 초롱이 엄마를 반겼다. 반갑고 기쁜 마음으로 인사를 나눴다.

그런데 새로 바뀐 승마장 직원들의 태도가 좀 이상했다. 착한 코드를 미워하는 느낌이 들었다. 이유를 알아야 했다. 직원들에게 물으니 코드는 직원들의 말을 잘 듣지 않고, 운동도 게으르게 하고, 먹는 것만 밝힌다고 했다.

속상했다. 코드는 그런 아이가 아니다. 너무나 사랑스러운 아이인데 미움을 받고 있었다. 코드를 이해해 주기를 바라는 마음에 코드가 살아온 이야기를 직원들에게 들려주었다. 코드가 이전 승마장에 있을 때 많이 굶고, 방치되기도 했고, 운동할 때마다 사람들한테 채찍으로 맞으며 지냈다는 사연을 들려주었다. 그 덕분인지 직원들이 코드를 대하는 모습이 조금씩 달라졌다.

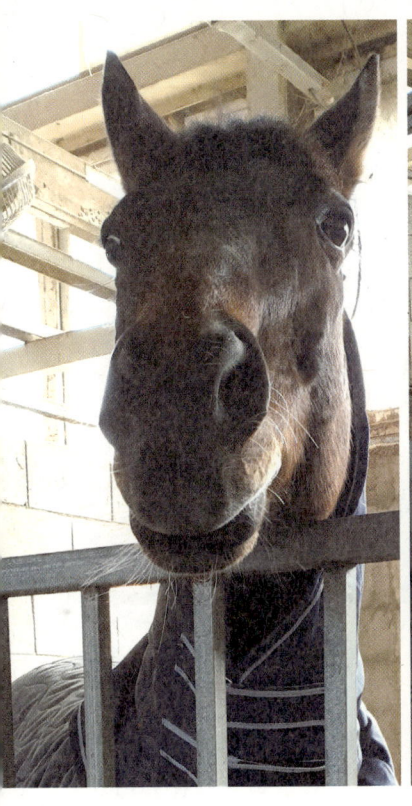 

코드가 그런 행동을 하는 이유를 듣고 코드의 행동을 이해하기 시작한 것 같았다. 덕분에 코드가 승마장 사람들과 조금 더 잘 지낼 수 있게 되었다.

하지만 코드가 많이 먹는 건 어쩌지 못했다. 식탐은 여전했다. 예전에도 밥 먹을 때가 되면 마방을 왔다 갔다 하면서 빨리 달라고 목청을 높여 큰 소리로 '힝힝~'거렸다. 다행히 코드의

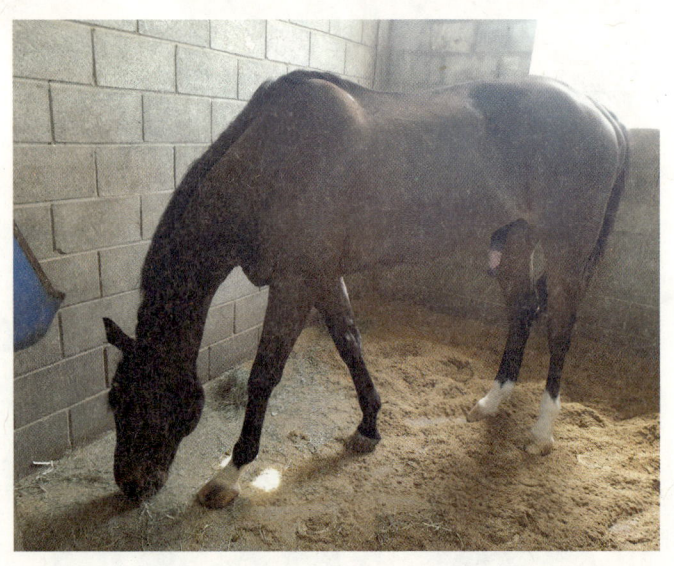

 사연을 들은 후부터 사람들은 '먹성이 좋은 코드'를 있는 그대로 봐 주었다. 다른 회원들과의 운동도 문제없이 잘 했다. 편견이 사라지니 많이 먹는 것도, 목청 높여 우는 것도 코드의 개성이 되었다.

 초롱이 엄마는 코드를 타는 운동을 거의 하지 않는다. 그저 코드랑 슬슬 걸어다니면서 이야기를 나눈다. 걷는 것도 운동이라면 운동이니까. 그러다 보니 주도권이 어느새 코드에게로 넘어가 버렸다. 초롱이 엄마의 컨디션이 좋아서 같이 운동 좀 하자고 해도 코드가 거부할 때가 많았다. 세상에 이럴 수가! 별수 없이 운동을 끝내고 맛있는 거 먹자고 꼬셔야 초롱이 엄마를 겨우 등에 태운다. 맛있는 거 먹을 생각을 하면서 기분 좋게 콧바람 한 번 세게 내뱉고 못 이기는 척 함께 달려 준다. 마냥 귀엽고 사랑스러운 먹보다.

그런데 4년 만에 만난 코드의 앞다리 건강이 좋지 않아 보였다. 담당 수의사에게 물으니 코드가 중년마에 접어들어서 그렇다고 했다. 그 어렸던 말 코드가 중년이 된 것이다. 젊은 말처럼 근육 탄력성이 좋지 않아서 생기는 일종의 근육통이라고 했다. 게다가 매년 서너 번은 담마진 같은 두드러기로 고생한다고 했다. 담마진은 말의 등, 옆구리, 목, 다리 등에 생기는 크고 길쭉하면서도 둥그런 형태의 두드러기다.

말도 사람처럼 병이 하나둘 생길 때 바로 세심하게 관리해야 치료가 효과적으로 이루어진다. 그게 얼마나 중요한지 초롱이 엄마는 누구보다 잘 안다. 제때 치료받지 못해 고통받았던 초롱이를 떠올리며 코드에게 관심을 더 많이 쏟기로 마음먹었다.

초롱이 덕분에 다시 승마장의 아이들과 인연을 맺게 되었다. 반려견에서 초롱이로, 초롱이에서 코드로 이어졌다. 이어지는 그 사랑 덕분에 코드는 몸과 마음의 건강을 챙기게 되었다.

☀ 도도한 영국 신사 위드

초롱이를 만나고 힘들고 아픈 시간도 있었지만 그보다 더 많이 웃었다. 운명처럼 초롱이를 만나서 잃었던 웃음을 되찾았다. 웃는 게 뭔지 모를 정도로 힘들게 살던 초롱이도 엄마를 만나 비로소 웃을 수 있었다. 초롱이는 긴 세월 동안 몸도 마음도 아프고 외로웠지만 엄마의 무한한 사랑 속에서 오롯이 초롱이로 살 수 있었다. 초롱이 엄마는 그 시절을 떠올리며 다른 말들도 초롱이처럼 행복하게 살 수 있기를 진심으로 바랐다. 말의 복지를 위해서 힘쓰고 싶은 마음도 커졌다.

다시 만난 코드 덕분에 승마장을 자주 찾게 되면서 승마장 말들의 사연도 속속 알게 되었다. 그중 몇몇 말들과 각별한 인연을 맺었다. 위드가 그 인연 중 하나다. 어느 날 코드 옆방에 덩치 큰 말이 들어왔다. 제주도에서 왔다고 했다. 이름은 위드. 위드는 나이가 많았다. 말의 평균 수명은 25살 정도. 위드는 24살 노령마였다. 위드는 도도한 영국 신사 같았다. 성격이 차분하고 온화하면서도 고집이 센 미남이었다. 볼 때마다 고개를 치켜들고 수트를 갖춰 입은 신사가 자꾸 떠올랐다. 위드는 승마장 사람들과는 둥글둥글하게 잘 지냈다.

어느 날 위드의 보호자를 만나 위드의 이야기를 들었다. 위드

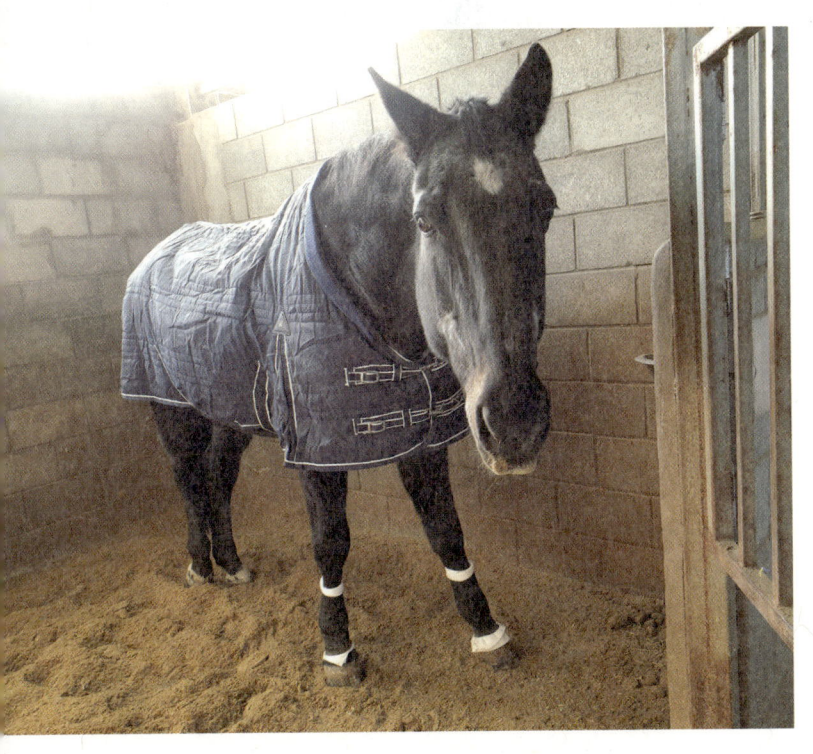

를 경마장에서 샀는데 혈통이 좋아서 20년 넘게 함께하고 있다고 했다. 이사를 하면서 위드도 이곳으로 함께 왔다고도 했다. 누가 봐도 위드는 나이가 많고 좀 말랐지만 잘생기고, 혈통이 좋아 보이고, 관리가 잘 되어 있었다. 초봄에 이사를 온 후 바로 감기에 걸리자 보호자가 옷을 입혀 주었다. 돌봄을 잘 받고 있구나 생각했다.

위드는 돌봄을 잘 받고 있으니 초롱이 엄마는 크게 관심을 두지 않았다. 그저 위드가 코드 옆방에 있으니 코드 간식 줄 때 위드 몫도 챙기고, 상처가 보이면 소독해 주고, 다리 치료도 해 주면서 자연스레 가까워졌다. 위드는 어느 날부터인가 초롱이 엄마가 오면 슬며시 돌아서서 초롱이 엄마를 바라보고는 했다.

처음에는 초롱이 엄마와 낯가림을 하기도 했다. 다가가면 슬쩍 피하고 물 것처럼 머리를 치켜들기도 했다. 친해지기 전까지는 얼굴도 보여 주지 않고 항상 궁둥이를 돌리고 서 있었다. 얼굴에는 손도 못 대게 했다. 그랬던 위드가 시간이 흐르면서 조금씩 달라졌다. 목을 껴안고 툭툭 쳐도 받아줄 정도로 초롱이 엄마와 신뢰가 쌓였다.

초롱이 엄마는 위드의 소소한 돌봄을 자진했다. 위드 등이나 무릎, 얼굴 등이 까지고 자잘한 상처들이 보이면 약을 발라 주었다. 처음에는 피하더니 시간이 지나면서 피하지 않고 가만히 있었다. 그러던 어느 날 위드가 초롱이 엄마를 물끄러미 바라봤다. 아마도 그때였던 것 같다. 위드와 친해지기 시작한 것이.

위드는 초롱이 엄마가 쓰다듬으면 비비적대고, 다리를 들어 올려도 가만히 있을 정도가 되었다. 초롱이 엄마 목소리가 들리면 옆방에 있다가 바짝 다가와서 그저 바라만 보았다. 초롱이 엄마 목소리가 들리면 '힝힝~' 거리면서 난리를 치는 코드와 달

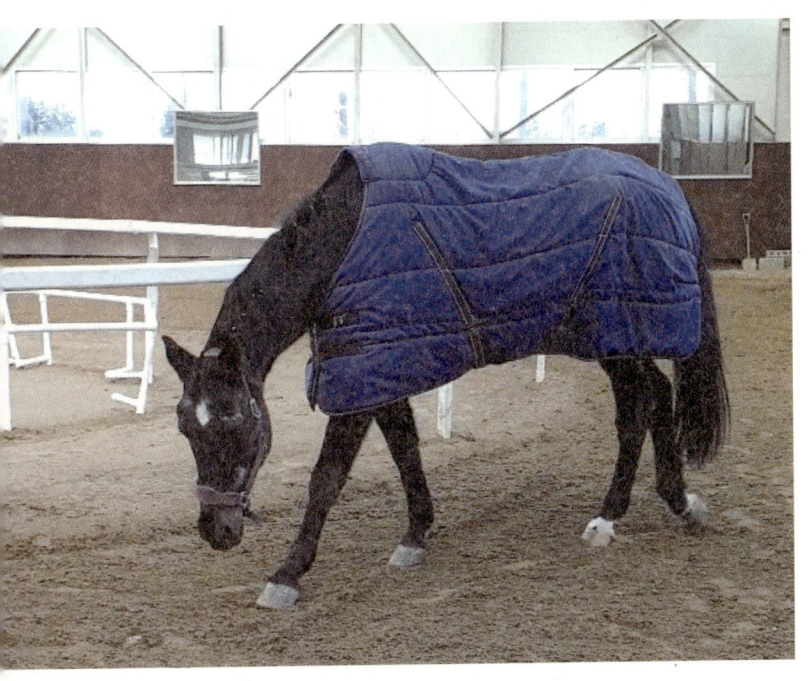

리위드는 지그시 바라만 보는 점잖은 말이었다.

위드는 초롱이 엄마의 말을 잘 들어주는 오랜 친구 같았다. 부은 다리를 소독하고 붕대를 감아 주면 아플 텐데도 끝나기를 기다리면서 고요히 내려다보았다. 운동 삼아 함께 걷는 날에도 초롱이 엄마를 앞서 걷는 법이 없었다. 같은 속도, 같은 호흡으로 한 걸음 한 걸음 내디디며 다정한 텔레파시를 보냈다.

☀ 갑작스러운 안락사

어느 날 갑자기 위드의 다리가 부어서 깜짝 놀랐다. 급하게 수의사에게 연락해서 주사를 맞히고 소독 치료를 했다. 다행히 바로 말끔하게 나았다. 초롱이가 떠올라서 놀랐는데 깨끗하게 나아서 기특했다. 그런 위드를 보면서 초롱이도 다리가 부어오를 때 초기에 치료를 받았더라면 어땠을까 하는 생각에 또 울었다.

그렇게 함께 시간을 보내던 나날들이 이어졌다. 그런데 청천벽력 같은 소식이 들려왔다. 위드의 안락사가 결정되었다는 소식이었다. 초롱이 엄마는 깜짝 놀랐다. 안락사라는 말을 이해할 수가 없었다. 다정한 위드에게 무슨 일이 벌어진 것인지. 다리가 아파서 운동을 못하고 몇 달 동안 마방에서 쉬고 있던 위드에게 갑자기 안락사라니! 위드 보호자와 직접 이야기를 나누지 않아서 정확한 안락사 이유를 알지 못했다. 다만 안락사 날짜가 얼마 남지 않았다는 말을 들었다. 위드를 이대로 보낼 수 없을 것 같았다.

말을 입양한 사람들의 생각은 다 다르다. 말을 무엇으로 보는지, 어떻게 대하는지 다를 수밖에 없다. 인간은 개, 고양이를 반려동물로 받아들여 긴 시간을 함께 살았지만 여전히 소유물로 여기기도 하고, 집을 지키는 수단으로 여기기도 하고, 소중한 가족으로 여기기도 하는 등 각기 다르다. 인간과 오래 함께 산

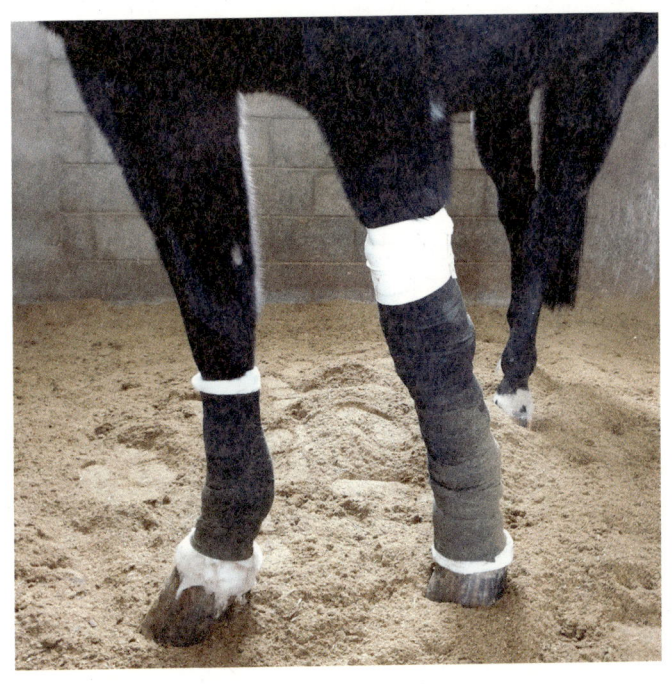

개, 고양이도 이 모양인데 이제 막 말과 함께하는 사람들의 생각은 오죽 다를까.

말을 대하는 모습을 관찰해 보면 그 사람이 어떤 사람인지 알 수 있다. 뜨거운 여름이면 외승(승마장을 벗어나 자연 속에서 하는 승마)을 하다가 더위에 쓰러지는 말 이야기가 종종 들린다. 사람이 더우면 말도 덥다고 생각하는 게 당연한데도 그렇지 않은 사람들이 있다. 다리가 부어서 조금 절룩거리면 잠깐 치료하다가 바로 안락사를 하는 사람도 있다. 치료비 때문이다. 말의 치료비는 다른 반려동물의 그것보다 훨씬 비싸다.

물론 책임감 있는 좋은 사람들도 있다. 하지만 언제부터인지 남에게 자랑하려고 말을 입양하는 게 유행이 되었다. 아픈 말을 치료하고 나을 때까지 기다려 주는 사람들이 많지 않다. 자녀를 위해 자마를 입양하는 경우도 있다. 자마를 사서 기초 훈련이나 장애물 훈련을 하면서 시합에 나가곤 한다. 그러다가 자녀의 실력이 좋아지면 훈련이 더 잘 된 말로 바꾸면서 몇 년 동안 함께 훈련하던 말을 팔기도 한다.

수 많은 승용마들의 마지막은 대체로 비슷하다. 말이 아프면 안락사시키거나 판다. 초롱이 엄마는 천성이 뭐든 한 번 인연을 맺으면 잘 버리지 못하는 성격이라서 팔리기 위해 또는 팔기 위해 오가는 말들을 보는 게 많이 슬펐다. 그래서 위드의 안락사를 이해할 수 없었다. 몸이 아파서 마방에서 몇 달 쉬는 아이에게 안락사라니.

말의 평균 수명은 25년 정도다. 그런 말을 물건처럼 너무 쉽게 사고판다. 팔려간 말이 어떤 곳에서 어떤 모습으로 살다가 죽어 갈지 버린 사람들은 알까? 알고 싶기는 할까? 입양했다면 다른 반려동물처럼 말도 죽을 때까지 책임지는 게 당연한 일이 되어야 한다.

☀ 위드의 안녕한 노년을 응원하며 입양하다

초롱이 엄마는 고민 끝에 2021년 12월에 위드를 가족으로 맞았다. 적어도 2년은 함께할 수 있기를 기도했다. 그러면서도 실제로 위드에게 시간이 어느 정도 남았는지는 중요하게 생각하지 않았다. 코드 옆방에서 항상 자신을 바라보던 나이 지긋한 말이 몸도 마음도 편히 지내다가 소풍 가듯 그렇게 세상을 떠나길 바라는 마음이 전부였다. '경주마-부상-퇴역-운 좋게 승마용 말-다시 부상의 악화'라는 굴레 속에서 갑자기 안락사당하는 이 악순환의 고리를 끊고 싶었다. 위드가 온전히 늙어서 죽기를 바랐다.

초롱이 엄마가 초롱이와 이별하며 힘들어했던 것을 아는 사람들은 위드의 입양을 반대했다. 그런데 정작 초롱이 엄마는 큰 고민이 없었다. 마방도 청결하고 말이 먹는 음식도 고민해서 구하는 승마장이니 위드가 노년을 보낼 수 있는 최적의 장소라고 생각했다. 위드에게 얼마의 시간이 남았는지 모르지만 이곳에서 편히 지내다가 명이 다해서 스스로 떠난다면 그걸로 되었다고 생각했다.

입양과 동시에 이름도 새로 지어 주었다. 원래는 다른 이름이 었는데 위드라는 새 이름을 지어 준 것이다. 위드의 허락 없이

8장 다시 만나다

이름을 바꿔서 미안했지만 위드에게 새로운 인연, 지금까지와는 다른 시간을 만들어 주고 싶었다. 무엇보다 버림받은 게 아니라 이제야 비로소 '가족'을 만났고, 앞으로도 쭉 함께할 거라는 의미로 위드With라고 지었다. 이름을 바꾸고 지내던 어느 날 "위드야!" 부르니 위드가 초롱이 엄마를 바라보았다. 이름이 바뀐 걸 아는 것 같았다.

위드는 초롱이와 같은 질환을 앓고 있었다. 봄의 뒷부분이 틀어져서 여러 어려움이 있었다. 조금이라도 편하기를 바라며 마사지와 운동을 병행하면서 보살폈다. 그렇게 돌보니 통증이 조금씩 가라앉는지 약간 호전되어 보이기도 했다.

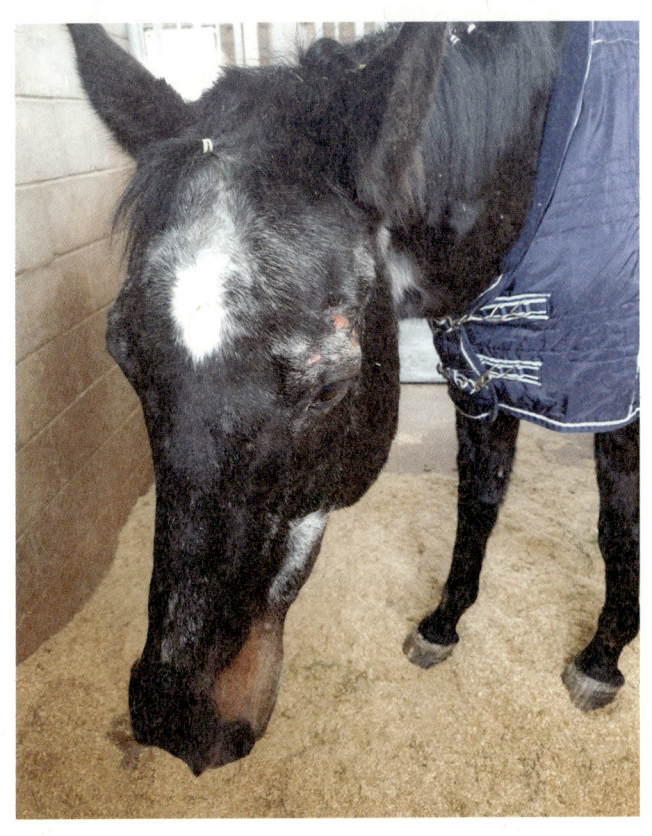

☀ 어떤 망설임도 없이 뚜벅뚜벅 갔다

그날이었다. 아침에 승마장에 도착했는데 위드 얼굴에 땀이 나고 있었다. 옷을 두껍게 입혀서 더운가 싶었다. 옷 안으로 손을 넣어서 쓰다듬으니 몸에도 땀이 나고 있었다. 이상했다. 잠시 지켜봐야겠다 싶었는데 갑자기 위드가 뒹굴기 시작했다. 바로 수의사한테 연락을 했다. 달려온 수의사는 심장 문제일 거라고 했다. 심장 상태가 곧 멈출 정도로 나쁘다 보니 통증이 심해서 진땀을 흘리며 뒹구는 거라고 했다. 진통제를 맞고도 잠시뿐 위드는 일어나지 못하고 계속 뒹굴었다.

수의사와 상의해 위드를 보내 주기로 했다. 심장이 다 망가져서 더 이상 치료 방법이 없고 오늘을 넘기지 못할 거라는 말에 결정을 했다. 마방을 뒹굴며 땀 흘리는 위드를 보며 더 이상 위드를 힘들게 하지 않겠다고 마음먹었다.

수의사가 위드에게 손을 대면서 일어나라고 말했다. 그러자 누워 있던 위드가 기적처럼 벌떡 일어났다. 그러더니 수의사를 따라 마방 밖으로 나갔다. 수의사는 초롱이 엄마에게 따라오지 말고 기다리라고 했지만 그럴 수 없었다. 위드 곁에서 함께 걸었다. 마지막까지 위드 곁에 있어야 했다.

마장 앞의 풀밭에 당당하게 서 있는 위드를 꽉 껴안고 울먹였다. 그때 위드와 눈이 마주쳤는데 위드의 눈을 보니 어떤 두려움도 초조함도 없어 보였다. 떠나야 한다는 걸 알고 있는 눈빛이었다. 양손으로 입을 틀어막고 눈물만 흘리는 엄마를 위드는 편안하게 바라보았다. 엄마에게 걱정하지 말라고 자기는 괜찮다고 말하고 있었다.

"위드야, 뭐가 그리 급해서 이렇게 빨리 가. 맛있는 거 많이 먹고 더 있다가 가지. 위드야, 천천히 잘 걸어가. 초롱이가 기다리고 있을 거야. 잘 가, 위드야."

2022년 2월 12일 밤 8시 20분에 위드가 떠났다. 가족이라는 이름으로 서너 달을 함께했다. 짧은 인연이었다. 달빛이 밝고 바람 한 점 없던 차가운 밤에 위드는 어떤 망설임도 없이 뚜벅뚜벅 떠나갔다. 너무 짧은 인연이었다.

위드가 떠난 후 자주 위드가 떠올랐다.

"왜 갑자기 위드가 떠오를까?"

혼잣말을 했지만 이미 답을 알고 있었다. 위드가 떠오를 때마다 초롱이 엄마는 참 많이 울었다. 그럴 때면 자신을 그리워하며 슬퍼할 엄마 곁에 있어 주려고 위드가 찾아온 것 같았다. 위드가 씩씩하게 떠났다가 잊지 않고 찾아와 줘서 고마웠다. 그곳에서 초롱이랑 잘 지내고 있으면 언젠가 엄마가 갔을 때 위드도 꼭 찾을 것이다. 그때까지 둘이 평온하게 잘 지내기를.

☀ 엄마의 대나무숲

어릴 때 만난 코드가 16살이 되었다. 사람으로 치면 50대 중후

반의 나이다. 코드는 언제부터인가 엄마에게 의지를 많이 한다. 힘들면 힘들다고, 답답하면 답답하다고, 때도 가리지 않고 맛있는 거 달라고 당당하게 의사표현을 한다. 중년의 당당함이랄까.

코드는 초롱이 엄마의 친구이자 대나무숲이다. 코드를 만나면 유독 말이 많아지는데, 특히 초롱이와 위드 이야기를 많이 나눈다.

"코드야, 초롱이 누나 기억나? 예전에 같이 승마장 생활했던 갈색 말 있었잖아. 그게 초롱이 누나야. 오늘 그 누나가 많이 보고 싶네."

"코드야, 위드 할아버지 기억나? 은빛 섞인 검은 털옷이 참 멋졌는데 말이야. 네 옆방에 있었잖아. 기억나지? 오늘은 위드가 많이 생각난다."

말이 끝나기 무섭게 초롱이 엄마가 눈물을 주르륵 흘리면 코드는 빤히 쳐다보다가 밖으로 나가자는 신호를 보낸다. 코드는 초롱이 엄마의 슬픔과 상실감을 안다는 듯 아주 천천히 걸으면서 바깥 풍경을 보여 준다. 걸으면서 파란 하늘을 보고, 따사로운 햇볕을 쬐면 우리의 슬픔이 조금씩 보송보송해질 수 있을 거라고 말해 주는 것 같았다. 코드의 따뜻한 위로가 늘 고마웠다. 언어는 다르지만 초롱이 엄마와 코드는 서로를 이해하고 연결되어 있음을 분명히 느낀다.

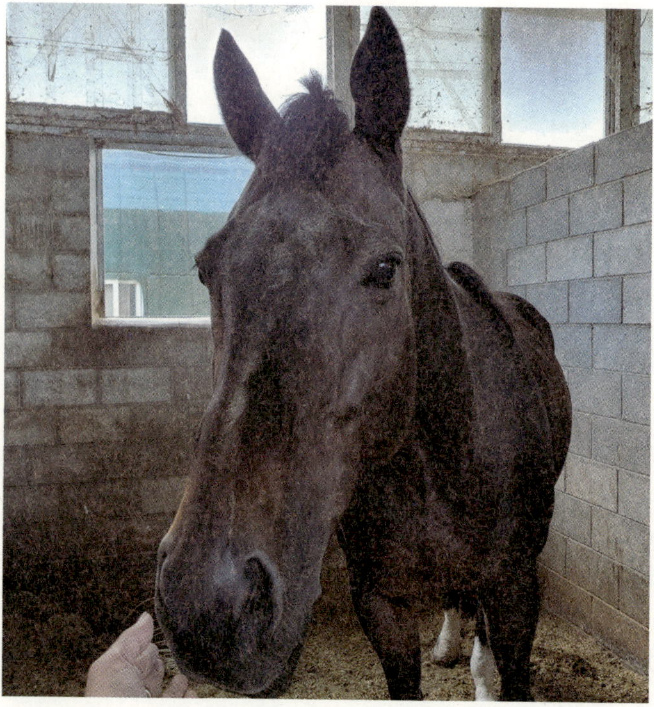

어느새 먼 곳까지 나온 둘은 승마장으로 다시 돌아가면서 또 도란도란 이야기꽃을 피운다. 먼 길을 갔다가 함께 돌아올 코드가 있어서 얼마나 감사하고 행복한지 모른다. 눈물을 닦다가 웃었다.

"나 슬픈 거 눈치챘어? 고마워, 코드야."

고마운 마음에 토닥토닥 코드를 다독인다. 그날 코드는 큰 나무처럼 엄마의 울음소리를 들으면서 묵묵히 걷고 또 걸었다.

말도 인간의 마음을 안다. 서로 사랑하는데 모를 리가 없다. 그 위로를 받을 때면 마음이 따뜻해진다. 슬픔을 숨기려고 했는데 그 마음을 알아채는 아이들의 마음에 위로를 얻는다. 그래서 종종 아이들에게 편하게 그 마음을 들킨다. 들키게 해 줘서 고맙다.

코드가 초롱이 엄마의 말을 알아듣는 것처럼 초롱이 엄마도 코드의 말을 알아듣는다. 힘들다, 답답하다, 목마르다, 맛있는 것 좀 줘 등 자연스럽게 소소한 의사소통을 하게 되었다. 믿지 않는 사람들도 있지만 말과 영혼을 나눠 본 사람이라면 알 것이다. 초롱이 엄마는 앞으로도 이렇게 사랑으로 교감하면서 아이들과 평범하게 살고 싶다.

☀ 사랑스러운 막내, 코드

사람들이 묻는다. 왜 코드를 입양하지 않느냐고. 초롱이와의 이별이 너무 힘들었어서 입양을 피하는 것일 수도 있다. 하지만 그보다는 더 큰 이유가 있다. 초롱이 엄마는 자신의 건강에 확신이 없다. 살 시간이 길지 않을 수 있다는 진단을 받은 상태다.

그래서 코드를 자식처럼 아끼지만 입양했다가 끝까지 책임질 수 없을까 봐 선택하지 못하고 있다. 초롱이 엄마가 먼저 떠나면 코드는 이유도 모른 채 상처받을 것이다. 그래서 코드가 더 가엽다. 대신 매 순간 최선을 다해서 코드를 돌보리라 결심한다. 마지막까지 코드에게 잘하자고 다짐하고 또 다짐한다.

회원에게 입양되지 않고 승마장 소속이면 여러 사람을 등에 태워야 한다. 코드도 그렇다. 다행히 손님들이 코드와 운동을 할 때면 코드를 배려하면서 승마를 한다. 고맙다. 그래도 이 사람 저 사람 태우다 보면 체중이 많이 나가거나 거칠게 말을 대하는 사람들이 있다. 그걸 지켜볼 때면 마음이 많이 아프다.

  초롱이 엄마는 코드와 운동을 할 때 대체로 천천히 걸으면서 수다를 떤다. 가끔 초롱이 엄마의 컨디션이 좋아서 조금 빠르게 걸으려 해도 코드가 싫다고 할 때가 있다. 아주 배짱이다. 운동 끝나고 맛있는 거 먹자고 꼬드기면 그제야 콧바람 한 번 불고는 못 이기는 척 두서너 번 등에 태워 준다.

  벌써 코드와 함께 보낸 시간이 초롱이와 함께 보낸 시간보다 길어지고 있다. 세월이 참 빠르다. 언젠가부터 코드도 나이가 드는지 초롱이 엄마한테 많이 의지한다. 하지만 코드가 아무리 나이 들어도 엄마한테는 그저 막내일 뿐이다.

  "코드야, 아무리 나이가 많아도 너는 나에게 영원한 꼬맹이고 사랑스런 막내야. 네가 능글거리면서 내 말을 못 들은 척해도!"

  아마도 초롱이 엄마와 코드는 반드시 다시 만날 인연이었던 것 같다.

  하루는 당근을 들고 승마장에 갔는데 코드가 다른 회원을 태우고 운동을 하고 있었다. 그런데 초롱이 엄마를 보자 회원을 태운 걸 잊은 것처럼 성큼성큼 다가갔다. 초롱이 엄마도 함께 운동하던 회원도 코치도 "어? 어? 어?" 하다가 모두 한바탕 웃었다. 코드는 그런 아이다.

코드는 막냇동생 같다. 장난치고 골려 먹다가 코드가 삐질 때도 있지만 돌아서면 씨익 웃으면서 서로 안아 주고 토닥여 준다. 초롱이 엄마는 코드의 목덜미를 토닥거리면서 소리친다.

"우리 코드 잘한다. 최고다!"

이렇게 사랑하는데도 코드를 입양하지 못해서 미안하다. 입양하지 못하는 사정을 코드에게 말하지 못했다. 잘 지내다가 아주아주 먼 훗날에 코드가 할아버지 말이 되어서 초롱이 누나와 엄마가 있는 곳으로 오기를 기다릴 것이다.

다만 엄마가 기적적으로 건강이 좋아져서 살 수 있는 시간이 조금 더 주어진다면 그때는 꼭 코드를 입양할 거라고 약속한다. 그때가 되면 "코드야, 너를 초롱이 동생으로 입양할 거야"라고 말하고 싶다. 귀염둥이 코드야, 너를 입양하지 못하더라도 엄마가 늘 네 뒤에 있을 거야.

☀ 따그닥따그닥. 우리 오래오래 함께 걷자

2024년 상반기부터 코드의 건강에 적신호가 떴다. 엉덩이뼈가 툭 튀어나온 게 보일 정도로 살이 빠지고, 누워 있는 시간이 길어졌다. 체력이 떨어지니 사람들과의 운동도 피하기 시작했

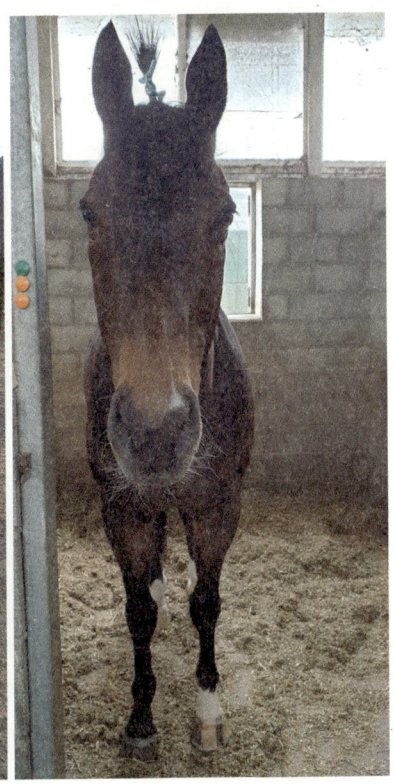

다. 걱정이 되어서 전체적인 건강검진을 받았다. 다행인지 이렇다 할 건강 악화 원인을 찾지 못했다. 그래서 더 답답했다.

원인을 알 수 없으니 코드의 건강은 계속 나빠졌다. 속절없이 시간이 흘렀다. 승마장은 회원들과 운동할 수 없는 코드를 계속 마방에 두기 어렵다고 했다. 마방에 두기 어렵다는 것은 다른 곳에 판다는 의미였다. 병든 말이 갈 수 있는 곳은 뻔했다. 더 열악한 공간이거나 죽음을 의미했다. 일면 승마장을 이해할 수도 있다. 승마장은 상업적인 공간이다. 말 보호 구역이 아니다.

승마장은 초롱이 엄마에게 코드를 입양하는 게 어떠냐고 조심스레 제안을 했다. 하지만 쉽사리 결정하지 못했다. 초롱이 엄마는 여전히 자신의 건강에 자신이 없었기 때문이다. 며칠 고민할 시간을 달라고 했다. 복잡한 마음으로 집으로 돌아왔다. 고민이 이어졌다.

'나에게 남겨진 시간이 어느 정도인지 알 수 없는데 덜컥 입양을 해도 될까?'

'내가 입양을 안 하면 코드는 승마장을 떠나야 한다. 어디로 갈까?'

쉽게 답을 구할 수 없는 두 가지 생각 사이를 정신없이 오갔다. 끝까지 코드를 돌볼 수 있을까? 그게 가장 두려웠다. 하지만 다른 방법이 없었다. 초롱이 엄마가 아니면 아픈 코드의 곁을 마지막까지 지켜줄 보호자는 없다. 깊은 고민 끝에 결정을 했다. 코드를 아들로 입양하기로!

남겨진 생의 시간을 가늠할 수는 없으나 아직 다가오지 않은 미래 때문에 눈앞에 있는 생명을 놓칠 수는 없었다. 너무나 사랑했던 초롱이와 위드를 너무 빨리 떠나보내서 아이들과 함께 하지 못했던 그 시간과 사랑을 코드에게 주고 싶었다. 엄마 품에서 코드를 보내야겠다고 결심했다.

2024년 8월 1일, 코드를 입양하고 본격적인 치료를 시작했다. 앞서 진행한 건강검진만으로는 원인을 알 수 없었다. 좀 더 심도 있는 조직검사를 했다. 코드의 엉덩이 윗부분에 있는 조직을 일부 떼어 냈다. 조직 속에 있는 비타민 E와 셀레늄이 적정량 있는지 알아보는 검사였다. 검사 결과가 나오기까지 한 달의 시간이 걸렸다. 초조한 오랜 기다림이었다.

조직검사 결과가 나왔다. 비타민 E와 셀레늄 결핍으로 인한 말 운동 신경 질환 Equine motor neuron disease을 겪고 있는 것으로 밝혀졌다. 꼬리의 골격근 조직의 근섬유가 주변 근육세포에 비해 산성 물질에 잘 달라붙어 있었다. 그 영향으로 체중감소, 근육 떨림, 전신쇠약이 진행된 것이다. 코드의 이상 증세의 원인을 알아냈으니 희망이 보였다. 가능한 치료가 있다는 건 살릴 수 있다는 말이었다. 부족한 비타민 E와 셀레늄이 함유된 영양제, 건초, 생초를 급여하고, 몸무게를 회복시키면서 컨디션에 따라 가벼운 운동을 하라는 처방을 받았다. 두 아이를 속절없이 떠나보냈는데 코드는 살릴 수 있을 것 같았다.

병명과 원인을 알았으니 그날부터 코드 살리기에 돌입했다. 좋은 제품을 찾으려 온오프라인을 누볐다. 비타민 E 액상은 국내에서 구할 수 없었다. 가격이 만만치 않았지만 코드를 살릴

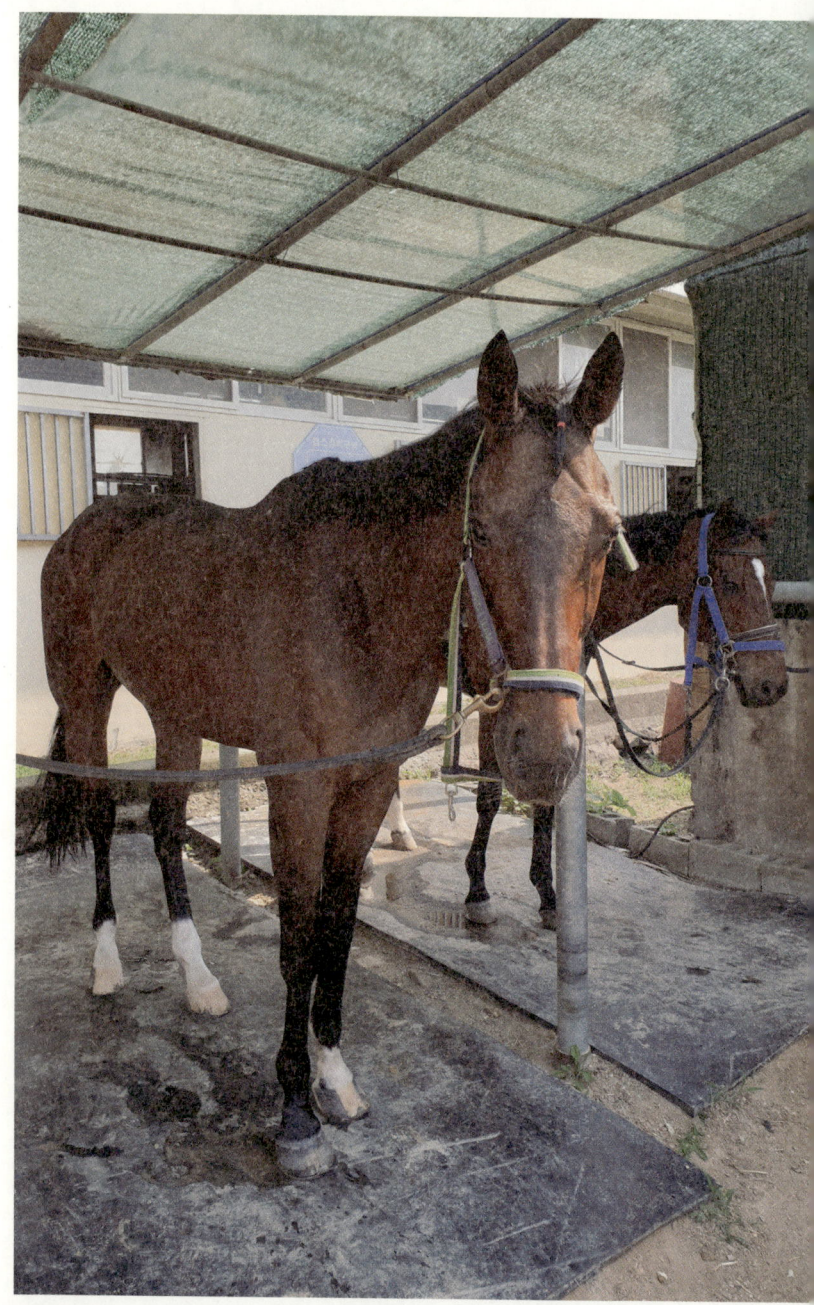

수 있는데 그게 문제랴. 망설임 없이 구매했다.

문제는 생초였다. 생초는 파는 곳이 없고 직접 구해야 했다. 마르지 않은 싱싱한 풀을 찾아나섰다. 다행히 승마장 주변에는 생초가 꽤 있었다. 마음이 급해서 눈에 띄는 대로 캐서 코드에게 먹였다. 생초를 많이 캤다고 생각하고 가져가 먹여도 금방 동이 났다. 생초를 직접 찾아 먹이는 게 쉽지 않다는 걸 처음 알았다.

생초를 찾아 사방을 헤맬 때면 마치 기다렸다는 듯이 초롱이 엄마의 눈에 생초가 보였다. 집 근처에도 생초가 있었고, 매번 오가던 길에서도 생초가 보였다. 마치 초롱이 엄마를 기다리고 있었던 것처럼! 생초를 베는 것도 쉽지 않았다. 땅바닥에 쭈그리고 앉아서 낫으로 생초를 베다 보면 삽시간에 손목도 허리도 시큰해졌다. 그래도 코드를 살릴 수 있다는데 그 정도는 큰 문제가 되지 않았다. 최선을 다하고 싶은 마음뿐이었다.

그렇게 최선을 다한 긴 시간이 지나갔다. 지성이면 감천이라고 6개월 만에 코드는 예전의 몸무게를 회복했다. 아직은 앞다리 근육이 많이 떨리고 엎어지려는 모습도 종종 보인다. 하지만 건강 상태가 많이 좋아져 승마를 다시 시작해도 된다는 의사 소견을 받았다.

"다행이다, 코드야. 너무너무 잘됐다. 엄마는 네가 해낼 줄 알았어."

코드까지 떠나보내면 어쩌나 했는데 지켜내서 정말 행복했다. 코드를 꼭 껴안았다.

"코드야, 우리 남은 시간도 잘 보내자. 더 잘 먹고 더 잘 살자. 네가 아프지 않고 행복하게 사는 게 내 행복이야. 따그닥따그닥. 우리 오래오래 함께 걷자."

더도 말고 덜도 말고 딱 지금처럼만 코드와 잘 살다가 갈 수 있기를 바란다. 나의 아이, 나의 코드야, 엄마는 끝까지 네 뒤에 있을 거야! 사랑한다, 영원히.

코드와 승마를 했던 어린이가 함께 승마를 해 줘서 고맙다고 코드에게 선물로 그려 준 그림이다. 코드의 마방 앞에 붙여 놓았다.

한국 경주마의 현실과 변화의 방향

생존이 있어야 복지도 있다

김정현(한국말행복연구소 소장)

나를 안아 주었던 어느 갈색 말

초롱이 원고를 읽으며 함께 울고 웃었다. 내게도 그런 말 친구가 있었다. 10년 가까이 말들의 생존과 복지의 문제에 대해 신경을 쓰고 있는 이유 역시 그 친구를 잊지 못해서다.

오래전 승마장에서 코치로 일할 때, 그 말을 만났다. 사람들이 자주 오가는 위치에 있는 마방에서 갈색 말 한 마리가 매일 사납게 울며 날뛰었다. 앞발을 들고 기립하고, 공중에 발을 휘저으며 난폭하게 굴었다. 어린아이들은 무서워서 그 마방 앞을 지나가는 것도 싫어했다. 사람들은 그 말을 '미친 말'이라고 불렀다.

승마장에서 나를 포함한 스태프들이 돌봐야 할 말은 50마리

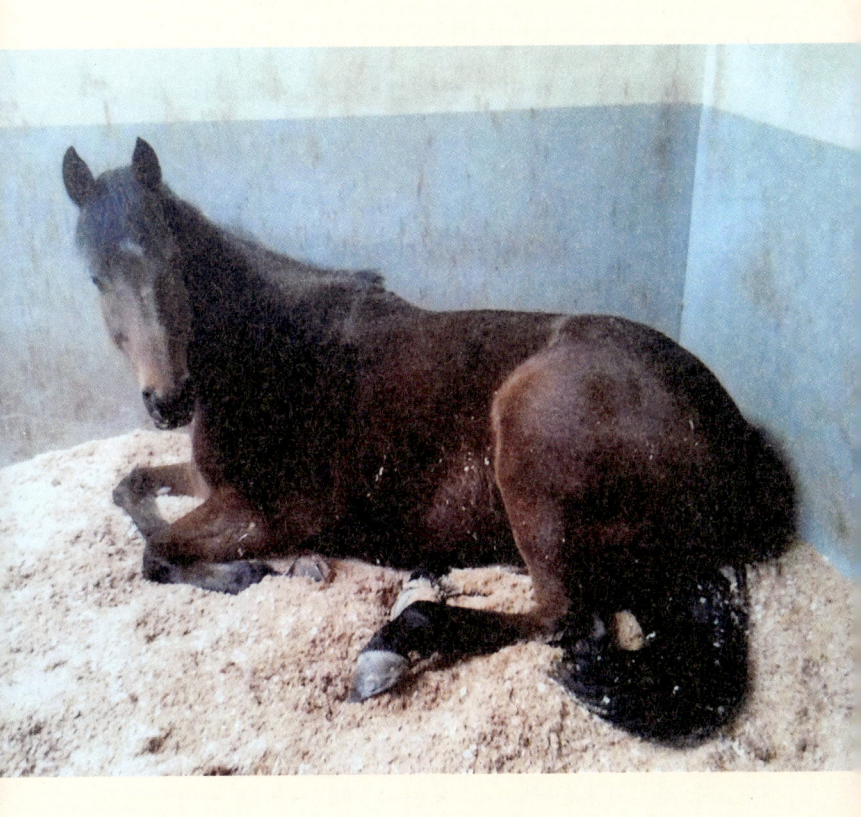

정도 되었다. 매일 바쁘고 일과가 정신없이 돌아갔기 때문에, 또 나는 승마장에서 힘없는 어린 코치였기 때문에 자의반 타의반 그 '미친 말'에게 관심을 가질 수 없었다. 그러던 어느 날, 무언가에 이끌리듯, 그 말에게 다가가 눈을 바라보았다. 말갛게 투명한 갈색의 큰 눈이 나를 보는데, 그 눈 안에 말을 바라보는 내 얼굴이 비쳤다. 철창 틈으로 손을 넣어 말의 통통한 볼을 쓰다듬었다.

미친 말의 이름은 '기쁨이(가명)'였다. 승마장에서 회원들을 태우는 것이 기쁨이의 직업이었으나 두 명을 심하게 낙마시켜 병원에서 골절 진단을 받은 전적으로 6개월 넘게 좁은 마방에 방치된 상태였다. 기쁨이는 싼값에 팔려 온 퇴역 경주마였다. 경주마로 활동할 당시 경주 성적이 좋지 않았으며 부상까지 입었기 때문에 일찍 퇴역했다고 들었다.

기쁨이를 위해 당근을 준비하고, 따뜻한 시선으로 눈을 맞추고, 볼을 쓰다듬어 주며 조금씩 함께 시간을 보냈다. 승마장이 '마지못해 데리고 있는' '똥말'을 위해 무언가를 하는 나를 못마땅하게 생각하거나 호기심 어린 눈으로 바라보는 사람들이 있었다. 점심시간을 반납하고 작은 마장에 기쁨이를 풀어 주어 마음껏 뛰고 몸을 풀도록 해 주었고, 작은 목소리로 말도 건넸다. 그렇게 기쁨이가 안심하고 놀 수 있도록 곁을 지켰다.

몇 달이 지나자 사람들은 기쁨이의 눈빛이 달라졌다고 했다. 사람을 보면 공격성을 띠고 노려보듯 경계했는데, 이제는 눈에 장난끼가 보이고, 응석받이, 개구쟁이 표정을 짓는다는 것이었다. 수의사가 예방접종 주사를 놓으려고 하자 엄살을 피우기도 하고, 마방 안에서 기립을 하거나 난폭한 행동도 하지 않았다.

 그러나 승마장에서는 '밥값'을 해야 한다. 기쁨이에게 다시 승마를 가르치기 시작했다. 사람을 태우기 싫어하던 기쁨이에게 굴레와 안장을 얹는 것부터 하나씩 단계별로 친절하게 알려주자 천천히 받아들이기 시작했다. 사람과 함께하는 일들도 즐겁게 할 수 있도록 가르치고, 반응을 기다리고, 기쁨이와 많은 부분을 상의하고, 또 협의했다.

 기쁨이는 나를 믿을 수 있는 친구로 받아들였다. 겁이 많아서 사소한 일로도 놀라서 흥분했지만 나를 태울 때에는 내가 떨어지지 않을까 걱정하는 눈치였다. 앞에 무서운 물건이 놓여 있어도 꾹 참고 지나가 보려고 노력했고, 물건을 무사히 지나가면 신나서 고개를 흔들고 투레질을 했다. 나와 기쁨이는 사람들에게 흥미롭고 즐거운 이야깃거리가 되었다. 점점 더 많은 사람들이 기쁨이에게 당근을 주고, 친절하게 대해 주었다.

 기쁨이는 장애물 넘는 것에 재능을 보였고, 중급자 이상의 회원들을 다시 태우기 시작했다. 기쁨이는 아주 좋은 반동과 발걸음을 가진 승용마가 되었다. 그러나 겁이 많고, 사람에 대한 트라우마 역시 여전했기 때문에 일방적이고 강압적인 태도의 사람을 태우는 것은 경계해야 했다.

그러던 어느 날, 승마장 측에서 거친 스타일의 승마 회원을 기쁨이에게 태웠고, 사고가 났다. 너무 성급한 결정이었다. 회원은 낙마하면서 척추골절 부상을 입어 구급차를 타고 병원에 실려 갔고, 기쁨이는 다시 마방에 갇혔다. 화가 난 사람들은 기쁨이를 팔라고 했다. 결국 승마장은 기쁨이가 다시는 승마 회원을 태울 수 없다고 결정했다. 그렇다면 코치만 탈 수 있는 말을 승마장에서 데리고 있을 이유가 없었다.

내가 기쁨이를 '사고' 싶었지만 당시 살고 있던 집의 월세 보증금을 빼도 기쁨이를 돌볼 수 없었다. 추운 겨울날 구석으로 옮겨진 기쁨이의 마방을 찾아갔다. 날도 추웠고, 마음도 추웠다. 기쁨이에게 다가가 두 팔을 벌려 목을 껴안았다. 그때 기쁨이는 목을 구부려 나를 꼭 껴안아 주었다. 잠시 따뜻하게 서로의 체온을 나누었다.

말이 사람을 안아 주는 일은 아주 드물다. 나를 안아 준 말은 기쁨이가 처음이자 유일했다. 어미 말이 어린 망아지를 그렇게 안아 준다. 기쁨이는 숫말이었지만 그런 마음으로 나를 안아 주었던 것 같다. 1년 조금 넘는 시간을 함께한 우리는 서로 만나지 못하고 10년을 보냈고, 그 기간 동안 나는 기쁨이를 그리워했다. 그리고 기쁨이는 이제 하늘나라에 있다. 여전히 기쁨이가 보고 싶고, 따뜻한 눈망울과 통통한 볼이 그립다.

퇴역 경주마 초롱이의 삶

뉴질랜드에서 태어난 초롱이는 경주마 '아이오나'였던 시기를 지나 승마장에서 회원을 태우는 '초롱이'가 되었다. 겁이 많고, 억압적인 상황을 견디지 못했던 기쁨이와 달리 착하고, 인내심 있고, 사람들에게 협조적이었던 초롱이는 12년을 승마장 소유의 말, 즉 클럽 말로 살았다. 초롱이는 '밥값'을 하는 정도를 넘어 그 승마장에 많은 돈을 벌어다 주는 귀한 말이었다. 그러나 그로 인해 몸 여기저기에 아픈 곳이 생겼고 '다리 아픈 말'이 되었다.

초롱이가 태어난 뉴질랜드와 달리 한국에서 말을 돌보는 것은 쉽지 않다. 한 마리의 말을 제대로 돌보려면 돈이 많이 들고, 돌보는 사람의 시간과 에너지도 상당히 많이 든다. 그러다 보니 나이가 들고, 다리가 아픈 말들은 대부분 비슷한 과정을 거쳐 생을 마감한다. 도축장으로 가거나 폐마 목장으로 가서 불법 도축되거나 방치되어 아사한다.

초롱이의 운명이 바뀐 것은 초롱이 엄마를 만났기 때문이다.

자신을 진정으로 생각해 주는 마음이 따뜻한 사람을 만났고, 그 사람이 초롱이의 남은 삶을 사랑과 정성으로 함께해 주었기 때문이다. 초롱이에게 당근을 주고, 불안해하는 초롱이를 진정시키며 편자를 무사히 갈 수 있도록 응원해 주고, 초롱이를 수의사에게 보이고, 병원에 데려가고, 입원해 있는 초롱이를 보기 위해 먼 거리를 오가는 초롱이 엄마가 있었다.

초롱이의 이야기를 읽으며 초롱이에게 좋은 엄마가 있고, 엄마가 사랑하는 초롱이를 마음껏 보살필 수 있는 것이 부러웠다. 여전히 우리 곁에 있는 수많은 말들과 그 곁에서 지쳐 가는 사람들을 위한 희망의 이야기가 되어 주길 바란다.

더 이상 경주마가 아닌 말들의 삶

최근 우리나라 말들의 통계를 보면 매년 평균 경마장에 입사한 말보다 퇴사한 말이 더 많다(한국마사회 공식 사이트 참조). 이는 경주마 생산의 감소, 수입마 감소, 코로나19 이후 말 산업 전반의 위축 등과 연관될 수 있다. 경주마는 평균 활동 기간이 2~4년에 불과하기 때문에 과거 입사한 말들이 일정 주기마다 은퇴로 쏟아져 나오고, 우리나라의 경마 특성상 부상이나 기량 부족으로 어린 나이에도 은퇴하는 경우가 많아 퇴사 규모가 유지 혹은 증가하는 것 같다. 초롱이도, 기쁨이도 이렇게 밖으로 나온 퇴역 경주마였다.

경주 성적이 좋지 않든 부상을 입었든 마주가 결정을 내리면 말들은 퇴사하여 다른 삶을 살아야 한다. 일부 혈통이 좋은 말들은 시설이 좋은 목장으로 옮겨져 씨수말이나 씨암말로서 관리받으며 후손을 생산하는 일을 하지만 대부분의 말들은 승용마가 되거나 체험용, 촬영용, 외승용, 관상용, 마차용 말이 된다. 그마저도 여의치 않으면 도축장으로 간다. 매년 얼마나 많은 말들이 도축이 되는지, 그 말들은 어떤 종류의 말이며, 어떤 이름의 말인지 정보가 공개되지 않아 알 수 없다.

2019년 국제동물보호단체 페타(동물을윤리적으로대하려는사람들PETA, People for the Ethical Treatment of Animals)는 제주시 축협의 말 도축장에서 벌어진 퇴역마 '승자예찬'과 '케이프매직'이 학대 당하는 영상을 공개했다. 작업자들은 말을 지속적으로 구타하고 폭행하며 도축장으로 끌고 갔다. 2022년, KBS 드라마 〈태종 이방원〉 제작진은 말 '까미(마리아쥬)'를 동원해서 낙마 장면을 촬영했다. 말의 발목에 묶은 와이어를 잡아당기면서 까미와 보조 출연자가 바닥으로 떨어졌다. 며칠 뒤 까미는 사망했다. 2024년에는 공주에 있는 이른바 '폐마 목장'에서 방치된 여러 마리의 퇴역마들이 굶어 죽어 가고 있었다. 모두 이제는 돈을 벌 수 없는 늙거나 병든 말들이었다. 이처럼 고통받는 말들의 삶이 드러나면서 우리는 그들의 녹록지 않은 삶을 유추하게 되었다.

퇴역 경주마들이 겪는 현실 속 어려움을 이해하려면 말이라는 종의 특징에 대해 알아야 한다.

세계 대부분의 지역에서 경주마로 활동하는 말들은 서러브레드라는 종이다. 서러브레드 종은 단거리 경주를 위해 개량된 종으로 800~2,000미터의 거리를 최고 시속 70킬로미터로 질주한다. 이들은 날렵하고, 예민하고, 잘 놀라고, 아름다운 근육질의 몸매에 다리가 가는 체형을 갖고 있다.

경주를 위해 태어나서 2세가 될 때까지 경마장 입사를 위한 훈련을 받고, 평균 5세에 은퇴할 때까지 경주마로 살아간다. 빠르게 달리는 한 가지 목적만을 위해 훈련받고 길들여진다. 그러나 경마장 밖의 세상은 말들에게 빨리 달리는 것을 원하지 않는다. 이제는 사람들을 등에 태울 수 있는 얌전한 말을 원한다. 곧고 큼직한 발걸음, 좌우측의 균형 잡힌 운동, 사려 깊은 성품, 사람과의 교감, 갑작스러운 큰 움직임이나 소리에도 놀라지 않는 차분함, 인내심, 사람과의 활동에 협조적인 태도 등을 원한다. 지금껏 채찍질을 견디며 무서운 속도로 달리는 일만 했던 경주마들에게 갑작스러운 이런 다방면의 변화 요구는 낯설고, 어렵다.

홍콩의 퇴역 경주마들은 새로운 직업을 갖기 전에 전문 말 트레이너, 수의사 등을 통해 심리적, 신체적 재활 기간을 거쳐 재사회화를 시킨다. 휴식 시간을 충분히 주면서 부상을 입은 근육이나 인대 등을 회복시키고, 사람과의 활동을 위해 천천히 하나씩 가르쳐 주는 것이다. 그러나 우리나라는 이렇게 말 한 마리, 한 마리에게 충분한 시간을 주기 어려운 구조적, 경제적 문제가 있다. 선진국들과 비교하면 동물복지에 대한 의식도 부족하다. 그러다 보니 타고난 성품이 승용마에 적합하거나, 빠르게 적응하는 말들은 두 번째 기회를 얻지만 그렇지 못한 말들의 운명은 참혹하다.

'생존'이 있어야 '복지'도 있다

10년 가까이 말 복지를 위한 활동을 해오고 있지만 '말 복지'라는 문자를 접할 때마다 낯선 기분을 감추기 어렵다. 복지는 생존이 담보되었을 때 생각할 수 있는 개념이다. 한창 전쟁 중이거나 재난 지역에서 생사를 다투고 있는 사람들에게 노인복지, 장애인복지, 아동복지 등을 이야기하기 어려운 것과 같다. 우선 살게 해 주고, 그다음에 삶을 얼마나 더 충실하고 행복하게 살아갈지 복지에 대해 논의하는 게 순서다.

현재 우리나라에는 3만 1,000여 마리의 말들이 사람들 속에서 살고 있다. 이 말들 중 사랑받으며, 건강하게 남은 생의 마지막까지 안심하고 지낼 수 있는 초롱이 같은 말이 과연 몇 마리나 될까? 나이가 들거나 병이 들고, 다리가 아프거나 버림받으면, 또는 더 이상 밥값을 못하거나 꼴 보기 싫으면, 활용 가치가 없는 '불용마'가 되거나 일명 '똥말', '폐마'가 되고 경제 논리에 의해 언제든지 버려져 폐마 목장, 불법 도축장, 합법 도축장으로 보내진다.

변화를 위한 움직임

이런 슬픈 현실에서 벗어나 조금 더 나은 내일을 위해서는 어떤 문제들이 있는지, 그 문제들은 어떻게 풀어 나가야 하고, 또 어떻게 변화하고 있는지를 살펴봐야 한다.

우선 가장 중요한 것은 사람들의 의식 변화다. 여전히 말을 활용 가치가 있는 경제 동물로만 보는 사람들이 많다. 반면 초롱이 엄마처럼 말도 반려동물이 될 수 있다고 생각하는 사람들, 승마장에서도 말을 함께 일하는 동료로 생각하는 사람들이 늘고 있다. 지금까지 개, 고양이 등 일부 친숙한 동물에 한정되어 있던 동물복지 감수성의 범위가 넓어지면서 말의 생존과 복지에도 관심을 갖는 사람들이 소수이지만 분명히 늘고 있다. 의식적 한계가 여전히 큰 장애가 되고 있지만 끊임없는 캠페인과 교육을 통해 점차 나아질 거라 기대한다.

둘째, 말을 위한 보호소가 필요하다. 미국에 갔을 때 말 생크추어리sanctuary를 방문한 적이 있다. 미국뿐만 아니라 영국, 프랑스, 호주, 일본 등 이른바 선진국이라고 불리는 나라에는 대부분 말 생크추어리가 있다. 동물을 보호하려면 3단계의 보호시설이 필요하다. 구조된 동물이 응급 치료와 돌봄을 받을 수 있는 응급구조센터rescue center, 입양을 가기 위해 단기간 동안 머무는 보호소shelter, 다시는 떠돌지 않도록 마지막까지 지낼 수 있는 보호구역인 생크추어리, 이 3단계의 시스템을 모두 갖춘 나라도 많다. 우리는 이 3단계 중 그 무엇 하나 제대로 갖춘 것이 없다.

2024년 공주 폐마 목장 사건에서 십여 마리의 말을 구조했지만 단기 보호소조차 없어서 말들이 다른 곳으로 옮겨가지 못하고 동물학대 현장에 그냥 머물러야 했다. 학대를 받았던 말들이 가해자가 계속 맴도는데도 불구하고 그곳에 머무를 수밖에 없었다.

우리나라에도 말을 위한 보호소가 생겨야 한다. 점점 더 많은 사람들이 말도 구조될 수 있고, 반려동물로 살 수 있다는 사실을 받아들일 수 있도록 노력해야 한다.

셋째, 한국마사회의 소극적인 태도 또한 변해야 한다. 우리나라는 미국, 캐나다, 서유럽 국가들과 달리 경마 산업이 말 산업 전체에서 차지하는 비율이 크다. 따라서 한국마사회가 전체 말 산업 분야에 끼치는 영향력 또한 매우 크다. 전체 3만 1,000여 마리의 말 중에서 경주마의 비율이 50~60퍼센트에 달한다. 한국마사회는 조금 더 적극적으로 퇴역 경주마의 처우에 대한 문제 의식을 갖고, 말들의 생존과 복지 문제에 힘을 써야 한다. 그렇지 않으면 시민들로부터 경마 산업의 지속에 대한 윤리적 허가를 받아내기 어려운 상황을 맞이할 수 있다.

말들에게 희망을

병들고 늙어서 버려진 말들이 죽을 날만 기다리던 공주 폐마 목장에는 8마리의 말 사체가 곳곳에 방치된 채 부패해 가고 있었다. 아사 직전의 상황에 놓인 십여 마리의 말들이 분뇨로 가득찬 축사 안에서 초점을 잃은 눈으로 남아 있었다. 이곳의 끔찍한 실상은 용감한 최초 제보자의 도움으로 세상에 알려졌다.

한국말행복연구소와 동물단체들은 협력하여 말들을 구조했다. 봉사자들과 함께 우리나라에서 처음으로 구조한 말들을 입양시키는 일을 진행했다. 다행히 살아남은 말들을 모두 안전하고 좋은 환경으로 입양 보냈다. 말의 안위를 진심으로 걱정해 주는 수많은 사람들이 후원 물품을 보내 주었다. 직접 봉사 활동을 오는 사람도 있었고, 많은 응원글도 받았다. 경주마, 승용마로 살다가 버려진 속칭 '폐마'가 되어 버려졌던 말들에게 두 번째 기회가 생긴 것이다. 다시 한번, 사람과 교감하며, 체온을 나누며, 소통하며, 사랑받으며 살아갈 수 있는 기회가 생겼다.

 기쁨이를 생각하며 기쁨이의 친구들을 돕는 일을 시작했다. 기쁨이는 지키지 못했지만 더 많은 기쁨이를 도울 것이다. 말들의 생존과 복지의 문제는 말만의 문제가 아니다. 세상의 어두운 면을 조금 더 밝게 비추는 공동체 모두의 문제다. 말에게도 희망이 생기기를 바란다.

책공장더불어의 책

동물노동
인간이 거의 모든 동물을 착취하면서 사는 세상에서 동물노동에 대해 묻는 책. 동물을 노동자로 인정하면 그들의 지위가 향상될까?

장애견 모리
(한국출판문화산업진흥원 중소출판사 우수콘텐츠 제작 지원 선정, 학교도서관저널 이달의 책)
21살의 수의대생이 다리 셋인 장애견을 입양한 후 약자에 배려없는 세상을 마주한다.

수술 실습견 쿵쿵따
수술 경험이 필요한 수의사들을 위해 수술대에 올랐던 개 쿵쿵따. 8년을 수술 실습견으로, 10년을 행복한 반려견으로 산 이야기.

실험 쥐 구름과 별
동물실험 후 안락사 직전의 실험 쥐 20마리가 구조되었다. 일반인에게 입양된 후 평범하고 행복한 시간을 보낸 그들의 삶을 기록했다.

동물과 이야기하는 여자
〈TV 동물농장〉에 출연해 화제가 되었던 애니멀 커뮤니케이터 리디아 히비가 20년간 동물들과 나눈 감동의 이야기. 병으로 고통받는 개, 안락사를 원하는 고양이 등과 대화를 통해 문제를 해결한다.

다정한 사신
일러스트레이터 제니 진야가 고통받는 동물들을 새로운 삶의 공간으로 안내하는 위로의 그래픽 노블.

동물에 대한 예의가 필요해
일러스트레이터인 저자가 우리는 동물들과 어떤 관계를 맺고 사는지 그림을 통해 이야기한다. 냅킨에 쓱쓱 그린 그림을 통해 동물들의 목소리를 들을 수 있다.

동물학대의 사회학 (학교도서관저널 올해의 책)
동물학대와 인간폭력 사이의 관계를 설명한다. 페미니즘 등 여러 이론적 관점을 소개하면서 동물학대 연구가 나아갈 방향을 제시한다.

동물주의 선언 (환경부 선정 우수환경도서)
현재 가장 영향력 있는 프랑스 정치철학자가 쓴 인간과 동물이 공존하는 사회로 가기 위한 철학적·실천적 지침서.

동물들의 인간 심판
(대한출판문화협회 올해의 청소년 교양도서, 세종도서 교양 부문, 환경정의 청소년 환경책, 아침독서 청소년 추천도서, 학교도서관저널 추천도서)
동물을 학대하고, 학살한 인간이 동물 법정에 선다. 고양이, 돼지 등은 인간의 범죄를 증언하고 개는 인간을 변호한다. 이 기묘한 재판의 결과는?

인간과 동물, 유대와 배신의 탄생 (환경부 선정 우수환경도서, 환경정의 선정 올해의 환경책)
미국 최대의 동물보호단체 휴메인소사이어티 대표가 쓴 21세기 동물해방의 새로운 지침서.

유기동물에 관한 슬픈 보고서
(환경부 선정 우수환경도서, 어린이도서연구회에서 뽑은 어린이·청소년 책, 한국간행물윤리위원회 좋은 책, 어린이문화진흥회 좋은 어린이책)
동물보호소에서 안락사를 기다리는 유기견, 유기묘의 모습을 사진으로 담았다. 인간이 애써 외면하는 불편한 진실을 고발한다.

유기견 입양 교과서
보호소에 입소한 유기견을 입양 보내기 위해 활동가, 봉사자, 임보자가 어떻게 교육하고 어떤 노력을 해야 하는지 알려준다.

개.똥.승. (세종도서 문학 부문)
백구 세 마리와 사는 스님이 지구에서 다른 생명체와 더불어 좋은 삶을 사는 방법, 모든 생명이 똑같이 소중하다는 진리를 유쾌하게 들려준다.

노견은 영원히 산다
퓰리처상을 수상한 작가가 나이 든 개를 위해 만든 사진 에세이. 저마다 생애 최고의 마지막 나날을 보내는 노견들에게 보내는 찬사.

버려진 개들의 언덕 (학교도서관저널 추천도서)
인간에 의해 버려져서 동네 언덕에서 살게 된 개들의 이야기. 대만의 생태 작가가 기록한 치열하게 살아가는 생명들의 2년간의 관찰기.

개가 행복해지는 긍정교육
개의 심리와 행동학을 바탕으로 한 긍정교육법. 50만 부 이상 판매되었다. 짖기, 대소변 가리기, 분리불안 등의 문제를 평화롭게 해결한다.

사람을 돕는 개 (한국어린이교육문화연구원 으뜸책, 학교도서관저널 추천도서)
안내견 등 장애인을 돕는 도우미견과 인명구조견, 흰개미탐지견, 검역견 등 맡은 역할을 해내는 특수견들을 만나본다.

치료견 치로리 (어린이문화진흥회 좋은 어린이책)
비 오는 날 쓰레기장에 버려진 잡종 개 치로리. 치료견이 되어 전신마비 환자를 일으키고, 은둔형 외톨이 소년을 치료하는 등 기적을 일으킨다.

임신하면 왜 개, 고양이를 버릴까?
임신, 육아로 반려동물을 버리는 유일한 나라 한국. 사회현상에 대한 분석과 안전하게 임신, 육아 기간을 보내는 생활법을 가정의학과 의사에게 듣는다.

개에게 인간은 친구일까?
인간에 의해 버려지고 착취당하고 고통받는 개와 다양한 방법으로 개를 구조하고 보살피는 아름다운 사람들의 이야기가 그려진다.

용산 개 방실이 (어린이도서연구회에서 뽑은 어린이·청소년 책, 평화박물관 평화책)
용산 참사로 갑자기 아빠가 떠난 뒤 24일간 음식을 거부하고 스스로 아빠를 따라간 반려견 방실이 이야기.

동물을 위해 책을 읽습니다
(한국출판문화산업진흥원 출판 콘텐츠 창작자금지원 선정, 국립중앙도서관 사서 추천도서)
우리는 우리가 사랑하고, 함께 입고 먹고 즐기는 동물과 어떤 관계를 맺어야 할까? 100여 편의 책 속에서 길을 찾는다.

동물을 만나고 좋은 사람이 되었다 (한국출판문화산업진흥원 출판 콘텐츠 창작자금지원 선정)
반려동물을 통해서 알게 된 세상 덕분에 조금 불편해졌지만 더 좋은 사람이 되어 가는 개·고양이에 포섭된 인간의 성장기.

순종 개, 품종 고양이가 좋아요?
귀여운 외모의 품종 개, 고양이를 좋아하지만 많은 품종 동물이 질병에 시달리다가 일찍 죽는다. 동물복지 수의사가 반려동물과 함께 건강하게 사는 법을 알려준다.

개 질병의 모든 것
40년간 4번의 개정판을 낸 개 질병 책의 바이블. 개가 건강할 때, 이상 증상을 보일 때, 아플 때 등 모든 순간 곁에 두고 봐야 할 책이다.

우리 아이가 아파요! 개·고양이 필수 건강 백과
새로운 예방접종 스케줄부터 나이대별 흔한 질병의 증상·예방·치료·관리법, 나이 든 개, 고양이가 돌보기까지 다룬 필수 건강백서.

개·고양이 자연주의 육아백과
세계적인 홀리스틱 수의사 피케른의 개와 고양이를 위한 자연주의 육아백과. 50만 부 이상 팔린 베스트셀러로 반려인, 수의사의 필독서.

개 피부병의 모든 것
홀리스틱 수의사인 저자는 상업사료와 과도한 약물 사용을 피부병 증가의 원인으로 꼽는다. 제대로 된 피부병 예방법과 치료법을 제시한다.

개, 고양이 사료의 진실
미국에서 스테디셀러를 기록하고 있는 책으로 2007년 멜라민 사료 파동 등 반려동물 사료에 대한 알려지지 않은 진실을 폭로한다.

개와 함께 살아남기! 재난 대비 생존북
재난의 시대에 사전 대비, 재난 발생 시 행동요령 등 개와 함께 살아남는 방법을 알아본다.

인간과 개, 고양이의 관계심리학
함께 살면 개, 고양이와 반려인은 닮을까? 248가지 심리실험을 통해 알아보는 인간과 동물이 서로에게 미치는 영향에 관한 심리 해설서.

펫로스 반려동물의 죽음 (아마존닷컴 올해의 책)
동물 호스피스 활동가가 들려주는 반려동물의 죽음과 무지개다리 너머의 이야기.

바래다줄 수 있다면
무지개다리를 넘는 반려동물이 쓸쓸하거나 두렵지 않게 씩씩하게 바래다주는 그림책.

강아지 천국
반려견과 이별한 이들을 위한 그림책. 행복하게 지내다가 천국의 문 앞에서 사람 가족이 오기를 기다리는 무지개다리 너머 반려견의 이야기.

고양이 천국
(어린이도서연구회에서 뽑은 어린이·청소년 책)
고양이와 이별한 이들을 위한 그림책. 실컷 놀고, 먹고, 자고 싶은 곳에서 잘 수 있는 곳. 함께 살던 가족이 그리울 때면 잠시 다녀가는 고양이 천국의 모습을 그려냈다.

우주식당에서 만나
(한국어린이교육문화연구원 으뜸책)
2010년 볼로냐 어린이도서전에서 올해의 일러스트레이터로 선정되었던 신현아 작가가 반려동물과 함께 사는 이야기를 네 편의 작품으로 묶었다.

고양이 그림일기
(한국출판문화산업진흥원 이달의 읽을 만한 책)
두 고양이와 그림 그리는 한 인간의 일 년 치 그림일기. 종이 다른 개체가 서로의 삶의 방법을 존중하며 사는 잔잔하고 소소한 이야기.

고양이 임보일기
《고양이 그림일기》의 이새벽 작가가 새끼 고양이 다섯 마리를 구조해서 입양 보내기까지의 시끌벅적한 임보 이야기를 그림으로 그려냈다.

깃털, 떠난 고양이에게 쓰는 편지
작가가 먼저 떠난 고양이에게 보내는 편지. 한 마리 고양이의 삶과 죽음, 상실과 부재의 고통, 동물의 영혼에 대해 써 내려간다.

나비가 없는 세상
(어린이도서연구회에서 뽑은 어린이·청소년 책)
고양이 만화가가 그려낸 한국 고양이 만화의 고전. 신디, 페르캉, 추새. 개성 강한 세 마리 고양이와 만화가의 달콤쌉싸래한 동거 이야기.

고양이와 함께 살아남기! 재난 대비 생존북

재난의 시대에 사전 대비, 재난 발생 시 행동 요령 등 고양이와 함께 살아남는 방법을 알아본다.

고양이 안전사고 예방 안내서

고양이는 여러 안전사고에 노출되며 이물질 섭취도 많다. 고양이의 생명을 위협하는 식품, 식물, 물건을 총정리했다.

고양이 질병에 관한 모든 것

40년간 3번의 개정판을 낸 고양이 질병 책의 바이블. 고양이가 건강할 때, 이상 증상을 보일 때, 아플 때 등 모든 순간 곁에 두고 봐야 할 책.

후쿠시마에 남겨진 동물들

(미래창조과학부 선정 우수과학도서, 환경부 선정 우수환경도서, 환경정의 청소년 환경책)

대지진에 이은 원전 폭발로 사람들이 떠난 일본 후쿠시마. 다큐멘터리 사진 작가가 담은 '죽음의 땅'에 남겨진 동물들의 기록.

후쿠시마의 고양이

(한국어린이교육문화연구원 으뜸책)

사람이 사라진 후쿠시마에서 살처분 명령이 내려진 동물을 죽이지 않고 돌보고 있는 사람과 함께 사는 두 고양이의 모습을 담은 사진집.

암 전문 수의사는 어떻게 암을 이겼나

세계 최고의 암 수술 전문 수의사가 동물 환자들을 통해 배운 치유와 삶의 기쁨에 관한 이야기가 유쾌하고 따뜻하게 펼쳐진다.

묻다

(환경부 선정 우수환경도서, 환경정의 올해의 환경책)

구제역, 조류독감으로 거의 매년 동물의 살처분이 이뤄진다. 사진작가인 저자가 매몰지 100여 곳을 다니며 기록했다.

사향고양이의 눈물을 마시다

(한국출판문화산업진흥원 우수출판 콘텐츠 제작지원 선정, 환경부 선정 우수환경도서, 학교도서관저널 추천도서, 국립중앙도서관 사서가 추천하는 휴가철에 읽기 좋은 책, 환경정의 올해의 환경책)

내가 마신 커피 때문에 인도네시아 사향고양이가 고통받는다고? 내 선택이 세계 동물에게 미치는 영향, 동물을 살리는 선택에 대해 알아본다.

채식하는 사자 리틀타이크

(아침독서 추천도서, 교육방송 EBS 〈지식채널e〉 방영)

육식동물인 사자 리틀타이크는 채식 사자로 살며 개, 고양이, 양 등과 평화롭게 살았다. 종의 본능을 거부한 채식 사자의 아름다운 삶의 기록.

대단한 돼지 에스더

(환경부 선정 우수환경도서, 학교도서관저널 추천도서)

인간과 동물 사이의 사랑이 얼마나 많은 것을 변화시키는지 알려주는 놀라운 이야기. 300킬로그램의 돼지 덕분에 두 남자가 채식을 하고, 동물보호 활동가가 된다.

적색목록

멸종위기종으로 끝없이 태어나 인간에게 죽임을 당하는 동물들을 그린 그래픽 노블. 인간은 홀로 살아남을 것인가?

동물복지 수의사의 동물 따라 세계 여행

(한국출판문화산업진흥원 중소출판사 우수 콘텐츠 제작지원 선정)

동물원에서 일하던 수의사가 동물원을 나와 세계 19개국 178곳의 동물원, 동물보호구역을 다니며 동물원의 존재 이유에 대해 묻는다. 동물에게 윤리적인 여행이란 어떤 것일까?

동물원 동물은 행복할까?
(환경부 선정 우수환경도서, 학교도서관저널 추천도서)

동물원 북극곰은 야생에서보다 100만 배 더 작은 공간에 갇혀 산다. 야생동물보호운동 활동가가 기록한 동물원에 갇힌 야생동물의 삶.

야생동물병원 24시
(어린이도서연구회에서 뽑은 어린이·청소년 책, 한국출판문화산업진흥원 청소년 북토큰 도서)

로드킬 당한 삵, 밀렵꾼의 총에 맞은 독수리 등 한국의 야생동물이 사람과 부대끼며 살아가는 슬프고도 아름다운 이야기.

숲에서 태어나 길 위에 서다
(환경부 환경도서 출판 지원사업 선정)

한 해에 한국에서 로드킬로 죽는 야생동물은 200만 마리다. 인간과 야생동물이 공존할 수 있는 방법을 찾는 현장 과학자의 야생동물 로드킬에 대한 기록.

동물 쇼의 웃음 쇼 동물의 눈물
(한국출판문화산업진흥원 청소년 권장도서, 한국출판문화산업진흥원 청소년 북토큰 도서)

동물 서커스와 전시, TV와 영화 속 동물 연기자, 투우, 투견, 경마 등 동물을 이용해서 돈을 버는 오락산업 속 고통받는 동물들의 숨겨진 진실.

고통받은 동물들의 평생 안식처 동물보호구역
(환경부 선정 우수환경도서, 환경정의 올해의 어린이 환경책, 한국어린이교육문화연구원 으뜸책)

고통받다가 구조되었지만 오갈 데 없었던 야생동물의 평생 보금자리. 전 세계 동물보호구역을 다니면서 행복하게 살고 있는 동물을 만난다.

고등학생의 국내 동물원 평가 보고서
(환경부 선정 우수환경도서)

동물원에서 무슨 일이 일어나고 있나? 국내 9개 동물원이 종보전, 동물복지 등 현대 동물원의 역할을 제대로 하고 있는지 평가했다.

황금 털 늑대 (학교도서관저널 추천도서)
공장에 가두고 황금빛 털을 빼앗는 인간의 탐욕에 맞서 늑대들이 마침내 해방을 향해 달려간다. 생명을 숫자가 아니라 이름으로 부르라는 소중함을 알려주는 그림책.

전쟁과 개 고양이 대학살
1939년, 영국에서 한 달 동안 40만 마리의 개, 고양이가 안락사되었다. 전쟁 시 인간에게 반려동물이란 무엇일까?

동물은 전쟁에 어떻게 사용되나?
전쟁은 인간만의 고통일까? 자살폭탄 테러범이 된 개 등 고대부터 현대 최첨단 무기까지, 우리가 몰랐던 동물 착취의 전쟁사.

똥으로 종이를 만드는 코끼리 아저씨
(환경부 선정 우수환경도서, 한국출판문화산업진흥원 청소년 권장도서, 서울시교육청 어린이도서관 여름방학 권장도서, 한국출판문화산업진흥원 청소년 북토큰 도서)

코끼리 똥으로 만든 재생종이 책. 코끼리 똥으로 종이를 만들면서 사람과 코끼리가 평화롭게 살게 된 이야기를 똥 종이에 그려냈다.

물범 사냥 (노르웨이국제문학협회 번역 지원 선정)
북극해로 떠나는 물범 사냥 어선에 감독관으로 승선한 마리는 낯선 남자들과 6주를 보내야 한다. 남성과 여성, 인간과 동물, 세상이 평등하다고 믿는 사람들에게 펼쳐 보이는 세상.

어쩌다 햄스터
사랑스러운 햄스터와 초보 집사가 펼치는 좌충우돌 동물 만화. 햄스터를 건강하게 오래 키울 수 있는 특급 노하우가 가득하다.

햄스터
햄스터를 사랑한 수의사가 쓴 햄스터 행복·건강 교과서. 습성, 건강관리, 건강식단 등 햄스터 돌보기 완벽 가이드.

토끼
토끼를 건강하고 행복하게 오래 키울 수 있도록 돕는 육아 지침서. 습성·식단·행동·감정·놀이·질병 등 토끼 돌보기의 모든 것을 담았다.

토끼 질병의 모든 것
토끼의 건강과 질병에 관한 모든 것, 질병의 예방과 관리, 증상, 치료법, 홈 케어까지 완벽한 해답을 담았다.

원고를 기다립니다
드러내어 기억하다 시리즈는 인간을 위해서 존재하다가 소리 없이 사라지는 동물들의 이야기입니다. 그들의 삶을 기억하기 위해 기록합니다. 이 시리즈에 적합한 원고라면 투고해 주세요. animalbook@naver.com

드러내어 기억하다 시리즈 4

퇴역 경주마 초롱이

초판 1쇄 2025년 10월 29일

글 초롱이 엄마, 김현
감수 김정현

편집 김보경
교정 김수미
디자인 나디하 스튜디오(khj9490@naver.com)

인쇄제작 정원문화인쇄
펴낸이 김보경
펴낸 곳 책공장더불어

책공장더불어
주소 서울시 종로구 혜화로16길 40
대표전화 (02)766-8406
이메일 animalbook@naver.com
블로그 http://blog.naver.com/animalbook
인스타그램 @animalbook.modoo

ISBN 978-89-97137-99-2 (03810)

*잘못된 책은 바꾸어 드립니다.
*값은 뒤표지에 있습니다.